マドンナメイト文庫

私の性体験投稿 濡れた横顔

夕刊フジ

目次

私の性体験投稿　濡れた横顔

身代わりの夜

東京都・OL・三十二歳

上京してまもなく十年。家族とは年に数回、顔を合わせるものの、地元の友人とはすっかり疎遠になってしまっています。でも、社会人になっても忘れられないのはただひとり、あの彼……。

幼稚園から小学校卒業までいっしょだった孝太《こうた》くん、通称「孝ちゃん」は初恋の人です。親同士が仲がよく、よく家族ぐるみで行動していました。

あるとき、孝ちゃんの家の車でキャンプに出かけたことがありました。車のいちばんうしろにはピクニックシートやクーラーボックスが積まれ、ちょっとした秘密基地さながら。私たちはその中に体を滑りこませ、狭いところでふたり、くっついて遊んでいました。

そのとき、私は孝ちゃんに小さく言いました。

「ここ、触って」

ここ、とは胸の谷間にあたる場所でした。当然ながらただ平たいだけで、孝ちゃんはなんのことだかさっぱりわからなかったでしょうが、ぴたりとそこに手を当てました。

じつはその少し前、父に連れられて行ったレンタルビデオ店で、私はエッチなビデオのパッケージを見ていたのです。

チ×チンをほおばったり、四つん這《ば》いになって顔をしかめたり……そんなシーンに混じって、男の人におっぱいを揉みしだかれている女の人の写真も目に入りました。その印象が強く残っていた私は、同じことを孝ちゃんにしてほしいと思ったのでした。

でもそこは幼い子ども、触ってとせがんだ私も、言われるがまま手を置いた孝ちゃんも、互いにどうするでもなく、すぐに体を離して、また車の中で遊びはじめたのでした。

金曜の仕事帰り、よく行く居酒屋のカウンターでひとり、一週間の疲れを癒《いや》していました。しかし、左側からやけに視線を感じます。ちらりと目をやると、思いがけない人が座っていました。

「やっぱり、香苗《かなえ》だ」

「……孝ちゃん？　どうして」

地元で就職した孝ちゃんですが、研修や出張でほぼ毎月上京しているのだとか。この店が気に入って何度も来てるんだ、と笑う孝ちゃんは、十五年近く会わないうちにすっかり大人の男になり、昔から整っていた顔はますます見映えするようになっていました。

聞けば、孝ちゃんは来年の春、結婚するそうです。偶然の再会から恋が始まったりして、という淡い期待は打ちくだかれたものの、私は久々に胸が弾む時間を過ごしました。

定宿のホテルまで車で帰るから、ついでに乗っていけばと誘われ、通りかかったタクシーの後部座席に身を沈めると、孝ちゃんの手が伸びてきました。

「こ、孝ちゃん……」

「幼稚園のとき、うちの車でしたこと覚えてる？」

孝ちゃんが耳もとでささやきます。

「香苗があのときなにをしてほしかったのか、今ならわかるよ」

初恋の人の手は私の胸もと、幼いころに触れた同じ場所にたどりつきました。

「あのときはこれで終わりだったけど……」

どうすると目で聞いてくる孝ちゃんの手を取り、私は大人の女性のふくらみになった自分の胸にあてがいました。


途中下車した繁華街で、もつれるようにラブホテルに入りました。ほかの人との結婚を間近に控えた初恋の相手は、ベッドで私の胸を激しく揉みしだいています。

「ああっ、孝ちゃん……っ」

「香苗……会わないうちにこんないい体になって……」

「孝ちゃんも……大人の男になったね……あんっ」

孝ちゃんの舌がおっぱいをなぞっていきます。まるみを確かめるように、しつこいくらいに何度も舐められ、息が上がってきます。

「いつの間に、こんなに巨乳になったの……」

「ばか……」

唾液でぬるぬるになったおっぱいは、乳首だけが硬く立っています。孝ちゃんの婚約者はこんなふうに毎晩、熱く愛されているんだろうか……そんなことが頭をよぎったとき、彼が口を開きました。

「……お願いがあるんだけど」

孝ちゃんの婚約者は婚前交渉をしない人だそうです。彼女の人柄に惹《ひ》かれて結婚を決意したので後悔はない、でもどうしてもセックスしたくてたまらないときがある、と。上京するたびにたまったものを風俗で発散しているそうで、今回もそのつもりだったけれど、私と再会して体が動いたそうです。

「その……似てるんだよ、彼女と香苗」

「……えっ？」

「体つきが……飲んでるときから思ってたけど、たぶん彼女が脱いだらこんな感じだろうなって……それで……今夜だけ、彼女のつもりで……させてほしいんだ」

普通の女性ならこんな頼みには応じないでしょう。でも、私はその言葉に揺らいでしまったのです。自分のものにならない人を、身代わりとはいえ、ひと晩、手にできる喜びと興奮が私を駆りたてました。


「ああ……孝太くんっ……」

「彩花《あやか》……ずっとこうしたかったんだ……」

別の女になりきってするセックスは生まれてはじめてでした。孝ちゃん、という呼び方も変えて、体を許さない禁忌を破って快楽に溺れる婚約者を演じるのは、想像以上に興奮するものでした。

ベッドに倒された私の、ツンと立った乳首を孝ちゃんが甘嚙《あまが》みしてきます。

「あんっ、気持ちいいっ……お願い、もっと強く嚙んで……」

「……はじめてセックスするのに、そんないやらしいおねだりして……」

「本当は我慢してたのっ。本当はずっと……めちゃくちゃにされたかったの！」

「彩花っ……」

片方の乳首は指でグリグリとこすられ、もう一方は歯で強く刺激されて、私は快感に震えました。

「あっあっ、いいっ……」

「乳首ビンビンで、乳輪もぷっくりで……こんなにエロい体だなんて、知らなかった……」

「いやらしい体つきで、いやじゃない？」

「そんなわけないだろ、ほら……」

孝ちゃんは膝立ちで、硬くなったチ×チンを私に触らせます。大きく反り返ったその先からは、透きとおった汁があふれていました。

「こうしたら気持ちいいの？」

純情な女がはじめてのセックスでするとは思えないような口で、私は体を起こして孝ちゃんの肉棒に吸いつきます。ぐちゅぐちゅと音を立て、垂れた唾液をチ×チンに塗りたくって上下に動かすと、さらに硬さを増してくるのがわかります。

「あ……彩花っ……ああっ、口も手も気持ちいいっ」

「孝太くん、エッチな顔してる……もっとしていい？」

亀頭だけを軽く口に含み、舌でチロチロとくすぐってから、おしっこの穴に小さく舌先を差し入れます。もちろん、こすりあげる右手は止めません。

「ああっ……感じる……」

そう言いながらも、孝ちゃんは私からチ×チンを離しました。

「おいで」

ですが、連れられたのは、大きな鏡がつけられたお風呂でした。

「この前に座ってごらん」

言われるがまま、鏡の前にぺたりと座りこむと、両足をぐいと持ちあげられ、M字開脚をさせられてしまいました。

「きゃっ」

「彩花のいやらしい姿が映ってる……」

「いや……言わないでっ……」

「上も下もまる見え。おっぱいは乳首がコリコリだね。オマ×コはどうなってるの」

「………」

「言わないと、ずっとこのままだよ」

「……オマ……オマ×コは……濡れてる……」

そう言ったとたん、孝ちゃんが私の手をアソコにあてがいました。

「自分で触って、確かめて……」

言われるがまま、そろそろと指をオマ×コに這わせると、ちゅくと音がしました。

「ちょっと触っただけなのに、エッチな音がしたね……もっと聞かせて……」

「ああっ、孝太くん……っ」

私は熱に浮かされたように、オマ×コに指を差し入れました。ぐちゃぐちゃと粘り気のある音がバスルームに響きます。

「彩花のオナニー、エロすぎる……指、二本も入れちゃったの？」

「だって……ああっ……こんなことはじめてなのに……やめられないの……」

「鏡、見てごらん……オマ×コがトロトロになっちゃってるよ」

「ああっ……おかしくなっちゃいそう……」

「おかしくなっちゃう……まだダメ」

ベッドに戻ると、孝ちゃんは私の腰をやさしく触りながら言いました。

「彩花は、はじめてだから、痛くないようにゆっくりしようと思ったけど……」

チ×チンの先が当たったかと思うと、それは一瞬でずぶりと奥まで入りこんできました。

「あああああっ……」

「おっぱい触っただけでぐちょぐちょに濡らして、エロいフェラまでして……本当ははじめてじゃないんだろ？」

「あっ、あああっ、孝太くん……激しいっ……」

「あんなにいやらしいオナニーまでして……」

「孝太くん、ダメっ……気持ちいいっ……」

「ねえ、彩花……本当にはじめて？」

「ごめんなさい……はじめてなんて嘘《うそ》なの……ああっ」

ピストンが一瞬止まって、今度はもっと強く腰が打ちつけられます。

「あああっ……本当は……いろんな人とエッチしてきたの……」

「いろんな男のチ×チン咥えてきたんだ。彩花はエッチ大好きだったんだね……」

「そうなのっ。こうやってハメられたくて仕方なかったの……！」

「ああっ、彩花っ！」

孝ちゃんは小刻みに私を責めたててきます。

「孝太くん、いいのっ……孝太くんのチ×チン、奥まで当たって……気持ちいっ」

「彩花はいっぱいエッチしてる変態だから、もっと気持ちよくなるセックス知ってるでしょ？　教えてよ」

「ん……」

つながったまま、上下を入れかわって孝ちゃんに馬乗りになると、オマ×コをぎゅっと押しつけて、ゆっくり腰をまわしはじめました。

「こうやって……チ×チンとオマ×コをぴったりくっつけて動かすと……ああっ……奥まで響いて感じるの……んっ……」

「すごい、彩花の中……動きながら締まってる……」

「突かれるのも好きだけど……こうすると、チ×チンがねじこまれてく気がして……ああああっ」

「ねじこんであげるよ……ずっぽり埋《うず》まって、抜けなくしてあげる」

「あっ、そんなエッチなこと言われたら……イクまで腰が止まらなくなっちゃう」

「彩花のオマ×コ、ぐちょぐちょだよ……ああ……チ×チンが包みこまれてる」

孝ちゃんは私を小刻みに突きあげながら、おっぱいをぎゅっと握ります。

「あ、ああっ……感じすぎちゃう……！」

「おっぱいも……こうやって、いろんな男に揉まれたから大きくなったんだ……」

「やあんっ……」

「数えきれないくらいハメられて……何百回もイカされて……」

「あああっ」

「だから、こんなエロい体になっちゃったんだね……」

孝ちゃんは私を言葉でいじめながら、自分も激しく興奮していました。

「ダメだ、もうイク……」

「孝太くん、中出しして……中で射精してほしいの……」

「ああっ、彩花っ……」

「あっあっ、気持ちいっ、チ×チン、気持ちいいっ……」

「彩花、出すよ。出るっ……」

「孝太くんっ……あああっ」

「純粋なふりして本当は違いました、なんて設定に変えちゃったけど、彼女さんに悪かったかな」

彩花から香苗に戻った私がつぶやくと、孝ちゃんは言いにくそうに口を開きました。

「いや、信じられないくらい興奮した……それで……香苗、これからもときどき、こうして会ってくれる？」

「……結婚したら、思いっきり発散できるんじゃない？」

そう答えながらも、私は気づいていました。きっと孝ちゃんは、屈折した、少し癖のあるセックスがしたいのだと。体を許すことを覚えたばかりの新妻とではその欲望は満たせず、私とならその楽しみが味わえると、彼もまた、私との交わりで気づいていたのでしょう。

返す言葉に困っている初恋の人に、私はささやきました。

「とことんおつき合いしますよ、孝太くん」

憧れの女性上司

鳥取県・会社員・五十一歳

私は昔から女性に関しては晩稲《おくて》だった。高校時代にようやく初恋の女性ができたものの、告白できずに悶々《もんもん》とした日々を送った。そしてその挙げ句、ついに片思いのまま一浪までしてしまったのは、身から出た錆《さび》だと言えるだろう。

大学に進学してからも、女ひでりの日々は相変わらずだった。実家からの仕送りやアルバイト収入で、勉学に支障のない生活を送るためには、風俗へ通う支出はもちろん、彼女を作ることさえおぼつかなかったからである。

私とて木の股から生まれたわけでも、孫悟空《そんごくう》のように石から生まれたわけでもない。日々、自慰に耽《ふけ》るばかりだった。

そんな私も、バブルのおかげか、運よく、ある会社に就職できた。

私が配属された課の課長は、四十歳の女性だった。頭が切れて、たとえ上役にでも、言うべきことはきちんと言う、といった凄腕だった。

そういう気性だから、部下にも厳しいのは当然だった。ビジネス文書での「てにをは」ごときのことでも、逐一叱責された。誰もが彼女には、畏敬の念を抱いていた。

そんな彼女だったが、飲みの席では雰囲気が変わる。底なしの酒豪で、酒の勢いも借りるのか、気さくに部下に話しかける一面があった。

仕事ではどんなに厳しくても、彼女が部下から慕われていたのは、そのせいかもしれない。

さて、私は若いくせに、昔の漫画やテレビドラマが好きだった。そこで、恐るおそる、彼女にその話題を振ってみた。

「あのう……私、漫画の『同棲時代《どうせいじだい》』が好きでした。なんというか、滅びゆく儚《はかな》さに、すごく叙情性を感じました」

すると彼女は、

「へえ、前川君《まえかわ》、上村一夫《かみむらかずお》の『同棲時代』読んだことあるんだ。あたしも若いころに読んだよ。懐かしいなぁ。前川君って古いものが好きなの？」

こうやって、彼女が私に親しく話をするようになるまで、入社から一年半かかった。

私は後日『同棲時代』上下二巻を彼女に進呈した。

「私が持っているよりも、ファンの方に持っていただくほうが、本も喜ぶでしょう」

それからだ。彼女の私に対する態度が、なんとなく変わったのは。厳しい叱責は相変わらずだったが、

「ここのところを直すと、もっとよくなるわよ」

のひと言がつけ加わるようになったからだ。

彼女への見方が変わり、仕事への意欲も増してきた、入社二年目のことだった。

それまで社内の人間関係のことなど、関心も持たずに過ごしてきたが、あるとき、彼女について聞き捨てならないことを耳にしたのである。

そして、その醜聞とは……彼女がバツイチで再婚をしていること。最初の結婚に失敗したとき、ヤケを起こして独身社員と誰彼かまわず関係を持っていたこと。そのせいで「公衆便所」などと陰口をたたかれていたこと……などなど。

そういえば、彼女と気やすく話せるようになったころ、先輩社員からからかわれたことがある。

「どうだい、あの女の味は」

とっさにはなんのことかわからなかったが、おそらく私が彼女に「食べられた」と思ったのだろう。

「どんな味がするんですか。先輩、教えてくださいよ」

と、私はごまかしておいた。

それから私は、彼女のことが気にかかるようになった。上司とは言えど、最初は会社組織の中のひとつの部品にすぎなかった彼女が、女としての存在感を増してきた。

スカートこそ短くはないものの、ノースリーブのときはすらりとしたきれいな腕に魅せられ、セーターやニットのときは、お椀《わん》形の豊満なバストにハッとさせられた。またときおり、前かがみになったりすると、ブラウスから胸の谷間がのぞけたり、一度は乳首まで見えて、そのときはその日のオカズにしたほどだ。

厳しいなかにも、どこか思いやりが感じられる彼女。そして、どこか隙があって、思わぬセクシーショットを見せてくれる彼女。いつしか私は彼女に対して「理想の上司」以上のなにかを感じるようになっていた。

そんなある日、私は彼女とふたりで残業することになった。私は男で、彼女は女だ。

されど、なにも起こるはずはない。しょせん、私は部下にすぎない。

残業の途中、私は彼女の好物である生姜湯《しょうがゆ》を作り、彼女の席へ持っていった。

すると彼女は、

「前川君ってやさしいのね。残業させてごめんなさい。恋人に申し訳ないなあ」

ほほ笑みながら言った。

「恋人なんかいませんよ、ご心配なく。でも、課長っておきれいですよね。ずっと、きれいな課長でいてください」

私は思わず、そう口にしてしまった。今なら、セクハラ発言になりかねず、叱責されても仕方ないところだが、彼女は頬を赤らめて「ありがとう」と言っただけだった。

入社三年目の春、人事異動で彼女の栄転が決まった。

多少の罪悪感を抱きつつ、オナペットにしていた彼女がいなくなる……私は目の前が真っ暗になった。

風俗街に行っても、彼女に似ている娘が見つからなければ、帰ってきてしまうほどなのだ。

私が顧客とのビジネストークに疲れきっても、クレーマーの電話攻勢に辟易《へきえき》しても、精神を病まずに乗りきれたのは、ひとえに彼女の存在があればこそだった。

彼女との別れが目前に迫った三月の下旬、私は再び彼女とふたりで残業になった。

生姜湯をいっしょに飲んでいると、彼女がこう言った。

「前川君、ありがとう。私、ちょっと思ったんだけど、前川君ってビジネス文書より、エッセイとかのほうが生き生きしたものを書くよね。社内報の文章を見て、そう思った」

それから、少し間を置いて、彼女は続けた。

「……私、今度の転勤をいい潮に離婚しようと思うの」

このところの彼女の横顔に、どこか淋しさを感じたのは、そのせいもあったかもしれない。

私は矢も盾もたまらなくなった。

「敬子さん、敬子さんって呼ばせてください。ずっと好きでした。ごめんなさい、敬子さん、思い出が欲しいんです。敬子さんのオッパイ、触らせてください」

それから私は土下座して、

「敬子さん、お願いします」

必死に懇願しつづけた。

彼女が私に歩みよってくる気配がしたが、頭を下げたままの私には、彼女の表情はうかがい知れない。怒声とともに足蹴にされても仕方がないと思った。

しかし彼女は、微笑《ほほえ》みを浮かべていた。

「前川君、私みたいなオバサンでいいの。うれしいわ。私のいやな噂《うわさ》を耳にしたことがあると思うけど、色眼鏡で見ないでいてくれて、本当にうれしい。でも、先に仕事は片づけちゃいましょうね」

残業を終えると、私と彼女はシティホテルへ向かった。

部屋に入ると、彼女は頬を赤らめて、戸惑っているふうだった。僕は彼女を抱きすくめ、乳房をまさぐりはじめる。

「ダメよ、前川君ってせっかちね」

そう言われ、彼女がブラをはずすまで待った。

ブラからまろび出た彼女の乳房は、四十代なのに垂れてもいず、乳首も鮮やかなピンク色。そして乳輪も小さめ。まさに男の玩具にふさわしいオッパイだった。

彼女は私に、悪い噂を気にしないでくれたと言ったけれど、私の中にも多少の偏見はある。

そしてその偏見は、職場の男たちに弄ばれたオッパイを自分だけのものにしたいという征服欲へとかたちを変えていたかもしれない。

私は彼女の乳房にむしゃぶりついた拍子に、彼女の乳首を噛《か》んでしまった。

「痛くしないで、やさしくして」

「す、すみません」

揉みつづけた乳房は紅潮し、乳首はピンととがって、次の愛撫を待っているかのようだった。

私は乳首にやさしく口づけし、両方の乳首を交互に舌でねぶりつづけた。

「きれいなオッパイですね」

「きれいなのはオッパイだけなの？　前川君」

いつも職場で見せる怖い顔を、彼女はしてみせた。

いかに、こういう場所にいようとも、僕が彼女にお願いしたのは乳房を愛撫させてもらうこと。それだけで満足だと思っていた。

だが、彼女は言った。

「女が男に、自分のオッパイにいろんなことさせるっていうのは、どういうことかわかるでしょ。いっぱいオッパイを触ったのなら、そのぶんいっぱい挿《い》れてほしい！」

このままでは、蛇の生殺しになってしまうと言うことだろう。私はあわててホテルを飛び出し、近くの薬局までコンドームを買いに走った。

帰ってくると、私はさっそく彼女のパンティーの中に指を這《は》わせた。

こんなに欲しかったのか、と思うほど、そこはしとどに濡れそぼっていた。

私は愛撫もそこそこに、コンドームを着けた我が分身を彼女の中に挿れた。

彼女の秘所は温かいことこのうえなく、ナマで挿れていたら、すぐに果ててしまいそうな代物だった。そのせいで私が腰を動かすことをためらっていると、彼女は言った。

「いいのよ、動かして。前川君って本当は女の人に慣れていないんだよね。もし早く出ちゃったら、私がまた大きくしてあげるから」

そして、彼女の予想どおりに早々と果てた私に、

「こういうのって慣れよ。大丈夫。それよりも、私のことを想ってくれる前川君の気

持ちが、とてもうれしいの」

と慰めてくれた。

すぐに再び勃起した。

挿入し、そっと腰を動かす。だが、女陰の温かさに、またもや射精しそうになった。

「敬子さん、敬子さん」

「いやっ、敬子って呼んで」

「敬子！」

そう叫んだとたん、私は射精した。

すると彼女は、コンドームをはずして、自らの唇で私の陰茎を清めてくれた。私の陰茎がまたまた生気を取り戻す。

次は風呂場でリターンマッチ。湯船の中で繋《つな》がったまま、彼女の喘ぎ声を聞く、というのが、私の自慰のときのネタのひとつだった。その夢が今、現実のものになろうとしている。

いっしょに湯船に浸《つ》かったあと、私は彼女の背後からオッパイを揉み、秘所をまさぐった。彼女も、これにはひとたまりもなかったらしい。私が挿入するとすぐに、身も世もないように悶《もだ》えはじめた。

「ねぇ、オッパイ、吸って。あたし、オッパイを吸われながらヤラれるのが好き！」

彼女が絶叫した。

私は無我夢中で乳房を吸いつつ、上下に腰を使った。

オッパイを吸いながら見る彼女の顔は、四十代とは思えぬかわいらしさだった。

三度目に私が果てたと同時に、彼女もイッてしまった。

彼女のイク顔を見たとき、私は百戦錬磨の猛女を征服した優越感を抱いた。しかし、果てたあとの彼女の顔からは「公衆便所」と噂された淫乱女の面影は微塵《みじん》もなかった。

私は忘れられない。私が果てようとしたとき、私が彼女の名をさんづけで叫ぶと、

「いやっ、敬子って呼んで！」

と、彼女が言って、私を強く抱きしめたことを。そして、そのときの彼女の表情を……。

そういえば、この部屋に入り、オッパイを揉みしだこうと抱きよせたとき、彼女からは、まだオンナの匂いがしなかった。オフィスの空気を感じた。

風呂場で仕事の垢《あか》を落としてはじめて、上司と部下ではなく、男と女になったのだ。

風呂場では、ありのままの彼女が、私にすべてをさらしてくれた。女陰はもちろん、お尻の穴という、恥ずかしい部分まで。私には、彼女が見せてくれたものすべてが、とても美しく感じられた。

おそらく、私に湧きあがったこの感情は、生身の女よりも「二次元女子」を崇拝するような男性には、とうてい理解できないと思う。

もうこれきり彼女に会えないと思うと、もう一度したいと思った。すると、私の陰茎はまたも雄々しく勃《た》ちあがったではないか。私は彼女を抱きよせつつ、

「敬子、敬子、俺の敬子、敬子を俺のオンナにしたい。なってくれ、敬子!」

と囁《ささや》いた。

彼女は愉楽の渦にたゆたいながら、答えた。

「ああ、明君《あきら》、あたしを、敬子を、あなたのオンナにして。もう、イッちゃう!」

彼女が私のことを明君と呼んだのは、これがはじめてで、そして最後だった。今振り返ってみれば、くだらない陳腐な言葉の応酬だ。

すべてが終わり、私と彼女は身なりを整えた。それでも私は未練がましく、そっと彼女の乳房に手をやった。

「前川君って、本当にオッパイが好きね」

彼女はあきれたように言いながら私を抱きよせて、私の手を自分の胸もとに導いた。

愛撫の限りを尽くしたはずのオッパイ。いつまでも揉んでいたい、吸っていたいオッパイ。

だが、この部屋を一歩でも出てしまえば、僕と彼女は上司と部下の関係に戻ってしまうのだ。それが、つらかった。

わが乱倫の記録

福島県・団体職員・六十三歳

四十歳のころ、俺には二歳年下の女房との間に、高校生を頭に三人の子供がいて、仕事も順調。幸せな家庭を築いていた。

女房とも仲むつまじく、週に二回くらいはセックスを楽しんでいた。

そんなある夜、セックスのときに女房に、

「今日は安全日だっけ?」

と訊《き》くと、

「そんなわけないでしょ。女房のことなんだから、覚えていてよ」

と、少々お怒りぎみ。

と言うのも、当時、俺には不倫相手が三人いて、女房と合わせると四股状態。女房とも不倫相手とも、コンドームはほとんど使わず、安全日には中出しすることもあった。

ただ、セックスの相手が四人もいると、誰がいつ安全日なのか、頭の中がゴチャゴチャになっていたので、不倫相手には「今日は安全日？」と確認するのが常だった。しかし、つい女房にまで同じことを訊いてしまい、叱られてしまったというわけだ。

三人の不倫相手のうちふたりは、年上の人妻とのダブル不倫。もうひとりは十四歳年下の、独身の子だった。

三人とも俺と同じ会社の同僚で、課は違うが、顔や名前はお互い知っているため、怪しまれたり、変な噂《うわさ》にならないよう、うまくやっていたつもりである。

ことの始まりは、このときから七年ほど遡った、俺が三十三歳のころで、十五人くらいの職場のリーダーをしていたときだった。

六月に職場の飲み会があり、俺は車で帰るため、アルコールは飲んでいなかったが、部下の優子《ゆうこ》は酒好きで、かなりの量を飲んでいた。

宴会がお開きとなり、足下もおぼつかないほど泥酔状態の優子を、俺が車で自宅まで送ることにした。

優子は俺より三歳年上の人妻、小柄で髪がセミロングのややポッチャリタイプ。女としての色気はあるものの、手を出したいとまでは思っていない存在だった。

車の後部座席に乗せて走り出したとたん、

「私、満《みつる》さんが好きだよ」

と、うしろから俺の首もとを触ってくるので、

「酔った勢いで冗談言わないでよ」

と言うと、

「本当だよ」

と言う。

生来のスケベである俺は、優子の酔いに乗じてヤレると思い、暗い空き地に車を停《と》めた。

「俺もうしろの座席に移るよ」

俺の車はワゴン車だったので、酔った優子が寝てもいいように後部座席をフラットにしておいたのだが、そのおかげでベッドの状態になっていた。

どちらからともなく抱き合い、キスしながら優子のおっぱいを揉みはじめる。上着を脱がせて助手席に置き、ブラウスをたくしあげ、ブラジャーのホックをはずすと、優子の大きめのおっぱいがこぼれ出た。

夢中でしゃぶりつき、舌で乳首を愛撫すると、

「あうっ」

優子が小さく喘いだ。

乳首は少し小さめだが、舌で転がすたびに喘ぎ声が大きくなる。

ジーパンとパンティーを脱がせ、俺も急いでズボンとパンツを脱いだ。

割れ目に手を伸ばし、愛液まみれのクリちゃんを愛撫すると「あん」と悶《もだ》える。

フル勃起したチ×ポに、手を添えながら挿入。抜き差しを開始すると「あっ、ううん」と喘ぎながら、腰を突きあげてくる。

俺の興奮はすでにピーク。あっという間に射精感が襲ってきて、放出してしまった。

ふたりの子持ちであるにもかかわらず、優子のマ×コは締りがよく、つい中出ししてしまった。

「イクのが早すぎるし、なんで中に出したのよぉ」

優子が怒ったが、あとの祭り。

「ごめん、すごく気持ちよかったもんで……」

俺はあわてて優子の割れ目をティッシュで拭いながら、謝った。

こうして一線をこえてしまったことから、自然な流れでダブル不倫の関係が始まった。次回会う約束をするのは職場の中。仕事の指示をするような感じで近寄り、そっと囁《ささや》く。

「今日、いつものところでね」

「うん」

返事が返ってくる。

ふたりとも車通勤だったから、仕事が終わったあと、公園の駐車場で待ち合わせて俺の車に乗り、人気のない空き地に移動。ワゴンの後部座席で情事を繰り返した。

とは言え、互いに家庭がある身。残業を装って密会していたので時間も限られ、ただセックスするだけのために会っていたようなものだった。

それに女房とは使わないコンドームを車の中やポケットなどに入れていたら、女房にもし見つかれば言い訳できない。だから、いつもナマで挿入していた。

常に膣外射精を心がけてはいたのだが、射精感が早いとつい中出ししてしまうこともしばしば。

「満さん、中に出すからイヤだよ」

おかげで、優子にはよく叱られたが、

「私、満さんが好き。満さんは？」

と訊かれ、

「うん、俺も好きだよ」

と返事をすると、彼女の機嫌は直った。

優子とは週に一、二回、ときには三回も関係を続けていたので、

「私、旦那とは月に一、二回くらいだから、満さんとするほうがはるかに多いんだ」

優子がそう言って、笑っていたこともあった。

人妻・優子とのダブル不倫。もちろん最初のうちは罪悪感もあったが、月日の経過とともにそのような感情も薄れ、優子を抱くのが楽しみになった。

優子と会うときは、いつも同じ公園の駐車場で待ち合わせた。周囲にはすごく気を使っていたつもりだったが、知り合いの誰かに見られることもあったようだ。

優子には、同じ部署に仲のいい佐緒里《さおり》がいて、俺との関係は筒抜けだった。関係が始まって二年くらいたったある日、佐緒里から、

「話があるから、少しだけ時間を取ってもらえない？」

と言われた。

佐緒里は俺より三歳年下の人妻で、好みの顔立ちだった。

「いいよ、今日の仕事が終わってからでも大丈夫だよ」

「じゃあ、五時半くらいに○○公園の駐車場で待ってるから」

というわけで、約束の時間に○○公園の駐車場に行き、車を降りると、

「人に見られたら誤解されるから、満さんの車の中で話していい？」

「うん」

ふたりで俺の車に乗る。ほのかに香水の香りが鼻腔《びこう》をくすぐり、本能で性欲が湧きあがってくる。

しかし、そんな性欲はすぐに撃沈した。

「優子さんとのこと、私よく聞かされているから知ってるのよ」

「え、彼女がしゃべったのかい」

「うん。でも、公園の駐車場で会っているところを職場の人に見られてるから気をつけてよね。同じことは彼女にも言ったけど」

立てつづけに言われて、

「あ、そうなんだ。誰に見られたのかな。これからは気をつけるよ」

そう答えたが、

「簡単に考えないでよ、優子さんは満さんのことが好きなんだから、大事にしてよ」

佐緒里に睨《にら》まれた。

「うん、うまくやるから」

「あともうひとつ大事なことだけど、いつも車の中でヤルだけヤッて、それだけで別れてるらしいけど、優子さん、本当はゆっくり会っていたいんだよ。だから、たまには休みの日とか時間を取って、モーテルに行くとかしたらどうかな」

「うん、わかった。彼女と相談してみるよ」

「お願いね」

やっと佐緒里の話が落ちついたところで、

「俺、本当は佐緒里さんが好きなんだよね」

と、なにげに抱きつこうとしたら、

「ふざけないで！」

と叱られ、十分くらい責めつづけられて佐緒里と別れた。

しかし、そのあとも優子とモーテルに行くことは一度もなく、いつもどおりに仕事が終わったあとに密会し、俺のワゴン車の中で情事を繰り返した。


優子とのダブル不倫が始まって四年ほどが経《た》ち、俺が三十七歳のときに十四歳年下の独身女性、順子《じゅんこ》との関係が始まった。

このころ俺は、優子の職場と順子の職場ふたつをまとめる課の課長を任されていた。

バレンタインデーの前日の二月十三日の夜、順子から残業中の俺に義理チョコをわたしたいと電話があった。

本当は翌日、会社でこっそりわたしたかったらしいのだが、勘違いした俺は今すぐわたしたいと言っているものと思い、残業を切りあげて順子と会い、食事をしてチョコをもらった。

順子は身長が高く、ショートカットの似合うかわいいタイプである。こんな若い子と食事ができたことに有頂天になり、ドライブに誘ってみたら、簡単に応じてくれたので、俺は舞いあがってしまった。

ドライブ中、順子の香水の香りに反射的に股間が反応し、頭の中では「こんなに若くてかわいい子が抱けたらいいな」と妄想していると、

「私、課長がタイプなんです。課長の奥さんがうらやましいです」

驚くようなことを言いはじめたので、ついムラムラして車を路肩に停め、助手席の順子に抱きついた。

すると「こんなところじゃいや」と言うので、近くのモーテルの駐車場に車をすべりこませ、

「ここだったらいいの？」

と訊くと、

「うん」

恥ずかしそうにうなずいた。

部屋に入り、いっしょにシャワーを浴びてベッドに横になる。小さめのオッパイにしゃぶりつくと「ふうん」と悶えた。

下半身に手を這《は》わせると、かわいい顔しているわりにはかなりの剛毛だ。その剛毛をかき分けてクリを剝《む》き出しにし、指で愛撫すると、体をよじった。

続いて舌で転がすと、

「あん、もうダメ」

と言いながら、果ててしまった。

「今度は俺のを舐めて」

と言うと、慣れない口遣いでしゃぶりはじめた。

俺の股間はビンビンに勃起しているので、今度は挿入しようとすると、

「今日は危険日だから、ちゃんと着けてよぉ」

と催促された。

仕方なく、備えつけのコンドームを着けて挿入。正常位で抜き差しを開始。

すると、すぐに「ひ、ふうん」と喘ぎはじめたかと思うと「またイッちゃった」と、再び果てる。

よほど性感が敏感なのか、果てるのが早い。

抜き差しを続け、俺も無事に射精を終える。

男性経験が少なく、二年前の二十一歳のときにひとりだけつき合ったらしいが、それも処女を奪われたときとそのあと一回関係しただけで別れたとのこと。

どうせなら、俺が処女を奪いたかった……。

この夜から、不倫の関係に発展。仕事帰りに食事して、モーテルで情事を繰り返すようになる。

十四歳も年下の子と、こんな関係になっていいのかと思ったけど、まっ、いいかと自分に都合よく解釈し、関係を深めた。

彼女と会う約束をするのは、携帯メールだ。万が一、女房に見られることを考えて、携帯メールは避けたかったが、独身の順子にはそんなことは関係ない。とにかく扱いが面倒だ。

「今度の休みにどこかに連れてって」

「もっと長い時間、会っていたい」

「ねぇ、責任取ってくれるの。奥さんと別れて結婚してくれるの」

などと無理難題を押しつけてくる。

あるとき、

「俺とつき合っていたら、順子の結婚に支障が出ないかな。思いきって別れて、本気で婚活したほうがいいんじゃない」

と言うと、

「いやだぁ、せめて結婚相手が見つかるまでつき合ってぇ」

と、俺にしがみついてきた。

俺も本気で別れたいと思っていたわけではないが、小遣い制の俺にとっては順子との食事代やモーテル代が厳しくなってきたというのが本音だった。

そこで、順子の理解を得て、会社の帰りに車中でセックスするようになった。

危険日に使うコンドームは、常に順子が持ってきていたし、ときには、

「私がお金出すから、モーテルに行こうよ」

と言うこともあり、俺も素直に応じた。

こうして、週に一、二回ほど、車内で順子と情事を繰り返すようになった。

優子との関係も続いている真っ最中だったが、若い順子との新たな関係に、年がいもなく心がときめいたものだ。

優子、順子のふたりと不倫関係になり、そのどちらとも週に一、二回ほど、女房と

も週に二回ほどはセックスをしていたのだから、俺も若かった。

安全日は中出ししていたことで、そのつど、

「今日は安全日？」

と、相手に確かめて、

「うん」

とか、

「今日は危険日だから外に出して」

とか、

「ちゃんとコンドーム、つけて」

と言われれば、それに従った。

なるべく優子と順子とは別の日に会うようにしていたが、優子と夜七時に会う約束をしたあとに、順子から「今日、仕事終わったら時間ある？」とのメールが届いた。

「七時から用事があるから、その前だったらいいよ」と約束することもあった。

そんなときは定時で退勤して順子と待ち合わせ、車中でセックスをして七時前に別れる。

「ねぇ、どうして今日は早いの。ゆっくり会ってぇ」

と、駄々をこねるときもあったが、

「ごめんね、どうしても行くところがあるから」

と謝って、順子と別れ、急いで優子との待ち合わせ場所に行き、再び俺の車の中でセックスするなど、一日でふたりを相手にすることもあった。

ただ、ふたりめのときは、ひとりめの愛液がチ×ポについていて少し匂いもするので、ウエットティッシュでしっかり拭き取ってから会っていた。

女房とはお互いの雰囲気でほぼ決まったペースでセックスしており、優子と順子とは俺のペースで誘っていたのだが、順子は独身なので、自由奔放に自分のペースで俺を誘ってくるときもある。

そうなると俺のペースが崩れ、優子と順子のどちらかとセックスしたその晩に女房ともするときもあったし、ふたりとセックスしたその夜にすることもあった。

ことの流れで同じ日に三人とセックスすると、三回目の女房とのときは精液の量が少なくなるから、腹上に射精したときに不審に思われないかと、すぐにティッシュで拭き取った。

すると、女房が訊《たず》ねる。

「どうしたの、いきなり拭き取って」

「うん、シーツにこぼれるかと思って」

とごまかすのに、ひと苦労したものだ。

順子との不倫が始まって二年が過ぎ、俺が三十九歳で部長に昇進したころ、三人目の不倫相手、涼子《りょうこ》との関係が始まった。

涼子は俺より六歳年上の人妻で、俺が二十三歳で入社したときにひとめぼれし、ずっと恋こがれていた相手だった。

六年後の俺が二十九歳のときに口説いて、二回だけ体の関係を持った。

もっともそのあとは、いくら誘っても拒否されてきたのだが……。

そんなある日、職場のリーダーをしている涼子から携帯に電話があり、

「職場の人間関係で困っていて、相談に乗ってもらえませんか」

と言う。

俺も涼子を久しぶりに抱きたいという下心で相談に応じ、部長職の権限で強引に解

決させた。

そのあと、涼子からお礼の電話がかかってきたときに、半ば強引に次の土曜日の朝九時に会う約束を取りつけた。

その日、待ち合わせ場所で涼子を車に乗せる。

「どこに行く」

「誰かに見られるとまずいから、隣町の喫茶店がいいかな」

「わかった」

そう答えたものの、俺の頭の中は、どうやって涼子をモーテルに連れこもうかという邪念でいっぱい。隣町に着くと、喫茶店ではなく、以前涼子と入ったことのあるモーテルの駐車場に車を停めた。

当然、涼子は驚いた。

「なによ、ここ。私、降りないから」

と抗《あらが》うので、

「係の人がナンバー見に来るから、顔見られるよ」

と言うと、あわてて俺といっしょに車を降り、部屋に入った。

並んでベッドに腰を下ろす。

「十年前にも言ったけど、俺は涼子さんのことが大好きで、今でも忘れられない」

すると、涼子が俺を見つめた。

「そんなに私のこと想ってくれてたの？」

涼子の気持ちも落ちついてきたようだ。十年前に体の関係をもったこともあり、ここからの展開は早かった。

顔を見つめ合うと、涼子からキスをしてきた。彼女はこのとき四十五歳になっていたが、外見は俺と同じか、俺より年下に見えたと思う。髪は肩まで、体形も均整の取れた美人系だ。

ベッドで横になると胸をまさぐり、上半身を脱がせ、ブラジャーを剝ぎ取る。

あまり大きくはないが、形のよいオッパイにしゃぶりつく。

「あん、感じる」

俺は先に着ているものをすべて脱ぎ、全裸になった。

そのあと、涼子のスカートとパンティーを剝ぎ取り、裸に剝く。

「とりあえず、シャワー浴びようか」

涼子を誘い、いっしょにシャワーに向かう。

当然だが、すでに俺のチ×ポはビンビン。

「なによ、これ」

涼子が笑いながら、俺の勃起を指でつついた。

ふたりでシャワーを浴びるが、石鹸《せっけん》は香りが残るから使わない。

部屋に戻り、ベッドに横になる。

「涼子ちゃんの大事なところ、よく見せて」

言いながら、割れ目をひろげ、クリを舌で転がす。

「クリちゃん、ピンクできれいだよ」

「そんなに見ないで」

「誰も見ていないんだから大丈夫だよ」

さらに愛撫を続け、穴に指を入れると、

「あん、ダメよ、私、指入れられるのいやなの」

涼子が身をよじった。

「早く来てぇ」

とせがむので、

「じゃあ、入れるよ」

涼子がコンドームは嫌いだと言うので、ナマで入れる。

「おっきいから、きついわ」

「旦那さんのより大きい？」

「うん」

涼子が小さくうなずく。

抜き差しを続けているうちに、

「あん、気持ちいい、もうダメ、イク、イク、イク」

涼子は激しく身悶えしたかと思うと、急におとなしくなった。イッてしまったのだ。

ほどなく俺にも、射精感が訪れた。

「もうイキそう」

涼子に声をかけると、

「中に出しちゃダメよ」

と言われ、あわててチ×ポを抜くと、涼子は右手で俺のチ×ポをつかみ、シコシコとしごいて射精させてくれた。

そして、起きあがると、

「ほらぁ」

と、シコシコで手についた精液を俺に見せておどける。その表情が、とてもかわいく思えた。

「また会いたいね」

俺が言うと、

「うん……」

小さくうなずき、涼子とのダブル不倫の関係が再開した。

こうして女房を含めると四股の女性関係となったが、美人のうえに体の相性もいいので、涼子が俺の本命。会社休みの土曜日の午前中にモーテルで関係を結ぶことが多かったので、優子や順子とかぶることはない。

土曜日の午前九時半に待ち合わせてモーテルで二時間くらい愛を育んだあと、昼すぎにはなにごともなかったかのように帰宅するのが常だった。

職場で飲み会があったとき、俺は参加しないが、涼子は参加していつも夜八時くらいには帰るというので、誘いをかける。

「八時ごろ、○○で待ってるから、少し会おうよ」

「じゃあ、家には、九時には帰るって言っておくから、一時間くらいね」

「了解」

俺はそれまで時間をつぶして涼子を待ち、宴会場を出る彼女を迎えに行って俺のワゴン車に乗せる。そして公園の駐車場に車を停め、後部座席に移って涼子を抱きしめる。ところが、

「今日はしないからね、だから、手と口でイカしてあげる」

と言うので、

「どうして。もしかして、旦那さんとの予定日なの?」

と訊ねる。

「うん。うちの旦那さんね、ヤキモチ焼きで、私が飲み会とかあると、決まって体を求めてくるの」

今日は旦那とセックスするのだと宣言され、俺としてはショッキングな話だったが、

「わかった」

と言って、ズボンとパンツを脱ぎ、仰向けになった。

涼子は俺のチ×ポを手でしごき、勃起しはじめたところで口に咥《くわ》えた。

だが、さっきの話が頭に残っているせいで、なかなか射精感が訪れない。

「ねえ、ちょっとだけ入れさせてよ。そうしないとイケないし、涼子さんもそのほうが楽でしょ」

「もう。じゃあ、いいよ。だけど絶対に、中に出さないでよ」

涼子がスカートをまくりあげ、ストッキングとパンティーをいっしょに脱ぎ捨てて仰向けになった。

涼子に重なり、半勃《だ》ちのチ×ポをマ×コに入れると、そこはすでに潤っていて準備万端だった。彼女だって、本当はセックスしたかったのだろう。

抜き差しをはじめると、すぐにフル勃起。口で刺激されていたこともあり、あっと言う間に射精してしまった。

「なにしてんのよぉ。中には出さないでって言ったでしょう」

と怒っていたが、

「でも、そんなに気持ちよかったの」

そう言って、最後はうれしそうにしていた。

それから涼子の自宅近くまで送り届けたが、その夜、彼女が旦那さんと合体したかどうかはわからない。


ある日、俺はとんでもない失敗をした。いつものように飲み会を抜け出して順子とモーテルに行ったまではよかったのだが、つい「涼子ちゃん」と、ほかの女の名で呼んでしまったのだ。

「涼子って誰よ!」

当然、順子が怒る。

「あ、ごめん。仕事のこと考えていたら、ごっちゃになって……」

と言いわけしたが、すでに遅く、

「涼子って、○○の部署の涼子さんのこと?」

と訊かれたが、返答のしようがない。

「もう、いやだぁ。私、あの人、嫌い」

「ごめん。でも仕事のこと以外、関係ないから」

と言いながらキスをし、無言のままセックスをして帰宅したこともあった。

でも、そのような夢みたいなことはいつまでも続くわけがない。

優子との関係が十年くらい続いたころ、俺が飲み会で別の女子社員を口説いているところを優子に見られてしまった。

「私のことなんて愛してないんでしょ」

と怒り、もう会わないようにしたいと言ってきた。

だが、それは引き金になっただけで、既婚者の彼女としても、ダブル不倫の関係に終止符を打ちたかったのかもしれない。

最後に会ったとき、

「私たちよくバレないでこんなに長く関係を続けることができたよね。でも、今日が最後だよ」

と言うので、車の後部座席でセックスし、中出しして別れた。

このとき俺は四十三歳、優子は四十六歳になっていた。

涼子は、五年ほど続いたある日を境に、俺の誘いをキッパリと断るようになった。

いつものように涼子とモーテルに行き、一戦を終えたあとシャワーを浴び、いつもだとすぐに二回戦に臨むのだが、この日に限って涼子がすぐに服を着はじめたので、

「どうしたの、急に」

と訊くと、

「今日で最後。もう会わないから」

突然、別れを切り出されて驚いた。

この日で終わりにすると、自分なりに決めて会いに来たようだ。以来、いくら誘っても拒否されるようになった。

このとき俺は四十五歳、涼子は五十一歳になっていた。

順子との関係がいちばん最後まで続いたが、唯一女房にバレた相手でもある。ひょんなことで携帯メールを見られたのだ。

このことが原因で順子と別れたとき、俺は四十六歳、順子は三十二歳になっていた。

順子との別れから十七年。女房との関係もなんとか修復したが、さすがの俺も、今では精力がめっきり衰えた。もちろん、不倫相手ももういない。女房とのセックスも

一カ月に一回あるかないかのペースになっている。

金魚鉢に潜む女

神奈川県・契約社員・五十九歳

子供のころ、父に連れられて行った村祭りではじめて金魚すくいをしたときのことは、なぜだか今でもはっきりと覚えている。

簡単に獲《と》れるさと、自信満々で挑んだものの、あっという間にポイが破れてしまい、呆然《ぼうぜん》とした。

今にも泣き出しそうな顔をしている私に、屋台のおじさんが赤い金魚を一匹くれたのがうれしかった。

帰り道に買ってもらった小さな金魚鉢の中で泳ぐ金魚を、毎日飽きもせず眺めていたのが、つい昨日のことのように思い出される。

アルバイトの長崎《ながさき》さんという女性をはじめて見たとき、なぜだかその金魚のことを思い出していた。

私は、おんとし九十五歳の現会長が若いころに裸一貫で興した厨房《ちゅうぼう》機材関係の会社に勤めている。現在は会長の息子が跡を継いでいるが、まだ父親が健在のうちに会社の歴史を書きとめておこうという話がとつぜん持ちあがった。

しかし、なにせ小さな会社。少ない人間が目いっぱいの仕事を抱えている。そんなものにかかわっている時間がないのが実情で、誰もやりたがらない。

そこで臨時の編集員を雇うことになり、来てもらったのがその長崎さんである。

彼女には、フロアの隅にある三畳ほどの小さなガラス張りの部屋を使ってもらうことになった。

じつはここ、もとは喫煙室である。ヘビースモーカーだった会長と現社長が、医者の勧めで禁煙に成功してから、我々も室内では吸えなくなってしまった。どうしても吸いたければ、休み時間に屋上へ行くしかない。

今は物置として使っているその部屋を片づけ、社史編纂室にしたのだ。

ガラス張りの、まるで金魚鉢のようなその部屋の中で、ひとり黙々と資料を整理している長崎さんは、とにかく初対面から謎の多い女性だった。

社史編纂の担当者をやらされるハメになってしまった私には、いろいろと説明や確認を求めてきたりはするが、ほかの社員とは完全に一線を画しているのである。

若い社員が歓迎会を開くと言っても、遠まわしに断ったようだし、昼ご飯に誘っても、語学の勉強がしたいからと、金魚鉢の中で英語のリスニングを聴きながら、ひとりで弁当を食べている。もちろん、飲み会などにもいっさい参加はしない。

そのうちに誰も彼女のことを相手にしなくなっていたが、別に気にすることもなく、ただパソコンに向かっている。

しかし逆に私は、そんな彼女のことがだんだん気になりはじめ、仕事をしながらチラチラと観察し、邪《よこしま》な思いに耽《ふけ》っていた。

長崎計《けい》。二十七歳で、独身。スリムで身長が高く、百七十センチ近くはありそう。別にとりたてて美人というわけではないが、少しだけ肌の色が濃く、どこかエキゾチックな感じのする、いわゆる男好きのする顔をしている。ツヤツヤの黒髪は肩に少しかかるくらいで、いつも柑橘《かんきつ》系の香りをただよわせている。

特に目がいくのは、その脚である。細くまっすぐ伸びていて、とてもキレイなのだ。胸もお尻もそう大きくはないが、個人的には大好きな部類に入るタイプの女性だった。

これで性格が明るければ、間違いなく会社中のアイドルになれるのだろうが、ほとんど無口で無表情。愛想もなにもない。たまに聞こえてくる声はハスキーで、もしかしたら本人はそれが恥ずかしくてしゃべらないのかもしれない、なんて推測もしていた。

そして、今日もまた私は、ガラス越しにチラチラと見ながら、彼女のことを観察している。

オッパイは小さいけれど、やはり乳首は感じるんだろうな。ヘアはどんな生え方をしてるのだろう。いや、もしかしたらツルツルのパイパンだったりして……。あそこはどんな形かな。ビラビラは大きいのか、小さいのか。クリちゃんは舐めるとどれくらい大きくなるんだろう。濡れ具合はいかほどなのか……。

金魚鉢の中の彼女を見ながら勝手に妄想し、毎日下半身をムズムズさせていたのだった。

半年後、社史がまとまり、同時に彼女の契約も終了した。

大手ならば、こんなに簡単にまとまるはずはないのだろうが、もともとたいした資料はないし、同人誌に毛の生えたような内容でよし、ということだったのだ。

誰もが軽く会釈したくらいで、玄関まで見送りに来る者はいない。用意しておいた小さな花束をわたし、労をねぎらったのは私ひとりだけだった。

「あの、飯でも行かない？　無事終了のお礼もしたいし」

どうせ来ないだろうとは思ったが、ダメ元でそう声をかけてみた。今日で会えなくなるのが少し寂しかったのだ。すると、珍しいことに彼女が笑ったのである。

「ホントですか、うれしい。なにをごちそうしてくださるのかしら？」

伊勢佐木町《いせざきちょう》のやや高い和食の店で食事をし、そのあと馴染《なじ》みのカクテルバーへ誘ったのだが、彼女の豹変《ひょうへん》ぶりには驚いてしまった。あれだけ無表情だったのに、今は私の話にケラケラと笑い、体を預けてくるのである。

歌うのが好きだというのでカラオケに行けば、プロ顔負けのうまさでヒット曲を次次と熱唱。しかも、懐メロのデュエット曲までたくさん知っていて、私の相手をしてくれるのだ。

また、お酒も好きで強いのだという。けっこうな量を飲んだはずなのにケロリとしていて、ろれつの怪しくなってきた私をからかうように、歌の途中で耳に息を吹きかけたり、キスをしてきたりするのである。

そしてカラオケ店を出ると、すり寄ってきて、

「ねぇ、ホテルに行きましょうよ」

私の耳もとで、そうささやいたのであった。


「いつもいつもあたしのこと観察してたでしょ、イヤらしい目つきで……」

ホテルの部屋に入ると、彼女は私に抱きついてきてキスをし、そう言った。

「えっ、気がついてたの？」

「そりゃそうよ。チラチラ見てるつもりだったのかもしれないけど、視線はいつも感じてたわ。あの人、あたしの裸を想像しながら下半身を硬くしてんだろうなぁって思ってた」

「見せてくれるんだよね、その裸。早く脱いで、早く見せてよ」

二十歳のときの初体験のように、もうすでに私のモノは完全に勃起し、ビクビクと脈を打っている。

ベッドに腰かけた私の前に立ち、彼女は焦《じ》らすようにしてゆっくりと服を脱ぎだした。白いブラウスを脱ぎ、薄い水色のブラジャーを取ると、浅黒い小ぶりの乳房が現れた。そしてスカート、ストッキングと取り、残ったパンティーに手をかける。しかし、そのときだった。

「えっ、き、君って……」

目の前にそれが飛びこんできたとたん、私は驚愕《きようがく》のあまり、息を呑《の》んだ。

「これがあたしよ。ホントのあたし」

そこには小さな棒状のものがフラフラと揺れていたのである。

「あたしがみんなと距離を置いてたのは、つまりこういうことなのよ。仲よくなったりしたら、すぐにわかるじゃない。特に女は敏感だしね。バレないように、みんなとはできる限り離れていたってわけ」

自分が半年もの間、恋こがれていた相手が、じつは男だっただなんて……。

私の頭は麻痺《まひ》を起こした状態から回復できないでいた。採用のとき、免許証の白黒コピーをもらった。写真はショートカットで印象が違っていたが、名前は「計」だし、男とも女ともとれる。別に違和感を抱くことはなかった。

「で、どうするの。このまま帰るの？」

そう言うと「彼」は私の前にひざまずき、ベルトに手をかけた。そして、ズボンとトランクスを一気に引き下ろしたのである。

「帰れるわけないよね。ホントはシたいんだもんね」

見すかされていた。ずっと勃起したままなのだ。いや、さらに硬さを増しているようだ。この歳《とし》になっての、はじめての体験を渇望している自分がいた。

彼は私のモノの先端に溢《あふ》れ出た透明な液体をペロリと舐め取り、そしてゆっくりと咥《くわ》えてきた。

口内の熱さとぬめりが心地よい。舌の全体で弧を描くようにして亀頭の表面を撫でまわしたかと思うと、ゆっくりとのどの奥まで呑みこんでいく。ときどき雁《かり》の裏側を唇で啜《すす》り、陰嚢《いんのう》を爪先でいたずらしたり、唾でべっとりと濡れた竿《さお》を細い指で擦《こす》るのだ。

彼の竿も硬く立ちあがっている。私に口淫しながら感じているのか。

「僕も舐めてみたくなってきた」

「えっ、舐めてくれるの？」

この感情は自分でもよくわからないのだが、なんだかだんだん愛《いと》おしくなってきたのである。

全裸になってベッドに横たわった私の顔を跨《また》ぎ、シックスナインのかたちで愛撫し合う。他人のモノなどこれまでじっくりと見たことなどないので、少し不気味な感じはしたが、彼がやってくれるように、私も赤くふくらんだ亀頭を舐めまわし、そして咥えて、竿を擦ってみる。

生涯はじめての体験は、なんだか不思議な感覚だった。とは言え、このあとの人生ではもうほかの男にすることはないだろう。

彼を抱きよせ、唇を重ねていく。近くで見ても男とは思えない。ましてや舌の戯れ、唾のやり取りは、女性とするときとなんら変わりはないのだ。

手術によってふくらませたらしいその胸も、女性そのものだった。小さめの乳首を甘嚙《あまが》みし、舌先でくすぐってやると、身もだえしながらハスキーな吐息を漏らす。

「ホントに脚がきれいだよねぇ」

毎日のようにチラ見していた、美しく細長い脚。そのあこがれの脚を持ちあげ、ベロベロと舐めまわした。

脚フェチの私は、これがやりたかったのだ。赤いネイルが施された足指を一本ずつ口に含んでいく。

「やん、くすぐったい。でも、気持ちいいかも」

自分でもおかしいと思うくらい興奮しているのがわかる。さらに愛おしさが増し、私は彼のモノをまた口に含んでいた。

「ね、ねぇ、そろそろ入れて」

彼はバッグからローションらしきものを取り出し、恥ずかしそうに自分のすぼんだそこへ塗りこんだ。そして、私のモノに避妊具をかぶせるとそこへも塗り、かわいらしいお尻をこちらに向けた。

来るときが来たと思った。私の体が少し震えているのは、緊張なのか、武者震いなのか。

そこの部分に先端を当て、軽く力をこめると、ヌッと入った。とたんにこれまで体感したことがないような愉悦の感情が襲ってくる。

「ああっ、すごい。感じちゃうっ」

「いいよっ、僕も気持ちいい」

ゆっくりゆっくりと出し入れを繰り返していると、女性の膣と男性の腸の違いがはっきりとわかった。雁首が引っかかる感覚が強烈なのだ。

「あたし、顔を見ながらしたい」

いわゆる対面座位というかたちで抱き合い、唇を吸い合っていると、男だ女だという感情がなくなっていることに気づいた。

「あたし、もうダメ。最後はいっしょにイッて」

彼は荒い息を吐きながら、自分のモノを激しく右手で擦っている。

「ボクもイクよっ。そろそろイクよっ」

陰嚢のつけ根が爆発し、激しい勢いで尿道の中を精液が駆け抜けていく。そして、射精と同時に、私は彼の体の上に倒れこんだ。すると一瞬のあと、私の腹に生ぬるい感触が続いた。彼も発射したのだとわかった。

彼をうしろから抱くようにして、大きなバスタブに浸《つ》かる。

「これからどうするつもりなの？」

「またどこかで派遣やりながらお金貯《た》めて、そしていつかは本物の女になるつもり」

「ねぇ、これからも会えないかな?」

「やめましょ、それは。お互いのためよ」

もうこれっきり会えなくなるのかと思うと、泣きそうな気分になってきた。

その晩はずっとベッドの中で、ふたりで抱き合ったまま、泣いて過ごしたのだった。


子供のときに飼っていた金魚は、半年ほど経ったある日、とつぜん死んでしまった。

あのときの喪失感はずいぶん長い間引きずっていたが、今の私は、また当時に戻ってしまったようだ。

彼がいなくなり、もとの物置に戻った金魚鉢の部屋を見ながら、私は今日もため息をつきながら仕事をしている。

絹肌の熟女——兵庫県・無職・七十四歳

「う、うぅ……」

慣れた指遣いで、ズボンの上から私の勃起をモミモミしはじめた。快感に思わず声を出しそうになるのを、私はグッとこらえた。

列車内で偶然に出会った小料理屋の女将《おかみ》の案内で、いっしょに行ったスナックでのひとコマである。

当時、私は三十代半ば。青函《せいかん》トンネル工事関係の仕事で、よく北海道へ出張していた。あるとき、函館《はこだて》で仕事を終え、次の仕事先である札幌《さっぽろ》ゆきの列車に乗った。

いつもそうだが、乗る前に駅の売店で缶ビールとおつまみを買う。ビールはロング缶三本だ。

自由席で空席を探していると、女性の隣が空いているのを発見。五十歳前後と思《おぼ》しき女性で、身なりがあか抜けしている。

「お隣、よろしいですか」

ひと声かけると、

「どうぞ」

女性は笑顔を向けてくれた。

列車が動き出し、さっそくビールを飲みにかかる。

「すみません、匂いがするかもしれませんが」

「いえ　いいですよ。私も飲むのは好きですから」

再び笑顔が返ってきた。

窓の外の景色を見ながら飲むビールは格別だ。

大沼《おおぬま》を過ぎると、駒ケ岳《こまがたけ》が迫ってくる。いかめしで有名な森駅《もりえき》のあたりで一本目のビールがなくなり、次に長万部《おしやまんべ》あたりで二本目がなくなった。

ニセコが近づくと羊蹄山《ようていざん》が見えてきて、三本目もなくなった。

「私は札幌まで行くのですが、どちらまで行かれるのですか」

手持ちぶさたになってきたので、隣の女性に話しかける。

「小樽《おたる》までです」

話を聞くと、小樽で小料理屋の女将をやっていて、函館に住んでいる高齢の両親の様子をときどき見に行っているらしい。

小樽ではひとり暮らしなので、いっしょに住むように勧めるが、来ないとのこと。

私は小樽にも何回か行っていて、駅近くの三角市場《さんかくいちば》でお土産を買ったことを話すと、店は市場のすぐ近くだという。

「今度いらっしゃったら、私の店にも寄ってくださいよ。駅前のわかりやすいところにありますから」

「へえ、そうなんですか。明日は札幌と赤平《あかびら》へ行くんですが、週末にかかるので延泊し、息抜きに積丹半島《しやこたんはんとう》でもまわろうかと思ってるんで、寄ってみようかな」

「ぜひ、お立ち寄りください。店は夜十時までですが、私も飲むのは好きなので、ご案内しますよ」

ということで、翌日、仕事を終えて夜八時すぎに店を訪ねた。

店はすぐにわかった。

「ありがとうございます。来てくれたんですね」

「ええ。訪問を楽しみにしてました」

「ゆっくりしていってくださいね」

今日の女将さんは昨日と違い、着物姿で、髪もアップにしている。

次々と新鮮な海の幸が出てくるので、ビールがばんばん進む。

「もうすぐ店を閉めますが、そのあとでどこかに飲みに行きますか」

何本目かのビールが少なくなってきたころ、女将さんが私に訊《たず》ねた。

「いいですねぇ、ごいっしょ願えますか」

「じゃあ、私、着がえてきますから……」

しばらくすると、着物姿からコロッと変わってスラックス姿で出てきた。

「私も外で飲むのは久しぶりなので、楽しみだわ」

わりと広めのカウンター式の店に入った。

「素晴らしい出会いに乾杯！」

店の人は、会話の邪魔にならないよう、必要なとき以外は近づいてこない。

よもやま話で和やかな雰囲気になってくる。

もともとあか抜けした、いい女だが、飲むほどに色っぽさが増してきた。

カウンターの下で、ふと手が触れた。

自然に手を握るが、彼女は避けようとせず、逆に指をからませてくる。

愚息が反応してきた。

それを察知したのか、彼女が股間に手を伸ばしてきた。すました顔で、ズボンの上から勃起をモミモミしはじめる。

思わず声を出しそうになったが、こらえた。

「よかったら、私の家に来る?」

「え、昨日会ったばかりなのに、いいんですか」

「長年お客さん相手の商売してると、どんな人かわかってるつもりだわ」

潤んだ目を向けてきた。

予約していたホテルをキャンセルする。楽しい夜になりそうだ。

タクシーでワンメーターの、高台にあるマンションに到着。ひとり暮らしには広すぎる間取りで、老いた両親を呼ぼうとするのもわかる。ただし、以前の家族構成はあえて訊《き》かない。

「お風呂入れますね」

冷蔵庫からビールを出してくれたので、飲んでいるうちにお湯が張られた。

「私はいっしょに入ってもいいんだけど……」

と、彼女。歳《とし》の差があるので、多少の遠慮が見える。

「ぜひ、お願いします」

服を脱ぐと、愚息はもう鼻息荒く、ビンビンだ。

「わあ、すごい！」

酒を飲むと勃《た》ちが悪くなるという人もいるけれど、私は逆だ。

彼女も裸になった。お椀《わん》形のオッパイが美しい。ウエストも締まっていて、真っ白な肌に漆黒の陰毛がまぶしかった。

「女将さんと呼んでいいんですか、それともママのほうがいいですか」

「どちらでもいいですけど、名前は真由《まゆ》と言うんですよ」

「じゃあ　真由さんと呼ばせてもらいます」

いっしょに湯船に入り、オッパイを撫でる。

「真由さん、きれいな肌ですね」

「ありがとう。なにもケアはしてないんですけどね」

真由さんは満更でもなさそうな笑顔を浮かべ、私の股間に手を伸ばしてきた。

「まあ、カチカチだわ」

「真由さんが魅力的すぎるからですよ」

のぼせないように、早めに上がる。急いで体を拭き、ベッドへ向かう。

形のいいオッパイに唇を這《は》わせ、乳首を舌先でレロッと舐めあげる。

「ああん」

真由さんは腰のあたりをもじもじさせはじめたが、執拗《しつよう》に舐めまわす。

手を下腹部に移し、割れ目を指先でやさしくなぞる。

「ああ……いいっ」

もうヌレヌレだ。指先をそのまま滑らせて、蜜壺へヌルッと差しこんだ。

「あうぅ」

真由さんの顎が上がった。

まもなく真由さんは僕のチ×ポをしごきはじめた。

「あぁ……この硬いのが、早く欲しい」

真由さんが哀願したが、僕だって早くハメたい。焦って真由さんに重なり、ずぶっと突き入れた。

「あぁぁっ」

ゆっくり抜き差しをする。ヌレヌレなので、グチュグチュと濁音がする。

「ああ、気持ちいい」

「ま、真由さん、僕、もうイキそうです」

「私も、いっしょにイキたい」

互いに背中にまわした手に、グッと力が入る。その瞬間、ドバドバッと放出してしまった。

しばらくそのまま余韻を楽しむ。

「明日はどうするの？」

気怠《けだる》そうな表情で、真由さんが訊いた。

「土日かけて積丹半島でもまわってみようかと思ってるんです」

「じゃ、私の車でドライブがてら案内しましょうか」

「え、いいんですか、僕はうれしいですが……」

「ええ。温泉があっちこっちにあるから、適当なところで泊まってもいいしね」

「お店は？」

「女の子たちに任せておけば大丈夫よ」

ということで、翌日は真由さんの運転でドライブをし、ニセコ近くのホテルに泊まった。

風呂は早めに上がり、ベッドへ行く。

昨夜は思わぬ展開に興奮して、早く放出してしまったので、今夜は真由さんのなめらかな絹肌をじっくりと楽しんでみたい。

乳房から腋《わき》あたりをソフトに撫でてゆく。真由さんは気持ちよさそうにうっとりしている。

今度はうつ伏せにして、背中から尻のあたりにかけて丁寧に撫でまわす。

「うぅ……あぁ……」

小さな喘ぎ声を漏らしはじめた。

尻からももの外側へとゆっくり手を這わせてゆく。両足を少し開かせ、内ももを撫でていると「はあ……」と官能の声をあげ、腰のあたりをもぞもぞとうごめかせる。

両手で臀部《でんぶ》をひろげると、パックリと口を開けた割れ目が見えた。そこから溢れ出た愛液が垂れてシーツにシミができている。

今度は仰向けにし、舌先でクリトリスをツンツン突いてみた。

「んっ、んっ」

両手でシーツを強くつかんでいる。

「もうダメ、私もチ×ポを舐めさせてぇ」

真由さんがチ×ポをまさぐりはじめたので、シックスナインのかたちになり、互いに舐め合った。

真由さんは、カリ首の裏側をチロチロと舐めたり、喉の奥まで咥《くわ》え、じゅるじゅると音を立てて吸いたてる。

私も負けまいとクリトリスを舐めたり、舌をまるめて膣口に突っこむ。

そのうちに、私のチ×ポを舐めている真由さんの表情を見てみたいと思い、ベッドの端に腰をかけて舐めてもらうことにした。

真由さんは目を閉じ、チ×ポの根元を握って首を前後に振りたてる。その動きに合わせて淫らな濁音が発している。

「わあ、気持ちいい」

真由さんの懸命な表情を見ていると、よけいに快感が増してくる。

今度は僕が真由さんをベッドに横にし、割れ目を舐めたが、お互いに我慢の限界が近づいてきた。

「ああ、いいっ、チ×ポを入れてぇ」

真由さんが叫んだのと同時に、体勢を入れかえてずぶりと貫く。

あまり動きすぎるとすぐに放出してしまうので、ゆっくり抜き差しをしたのだが、限界が近づいてきた。

「あっあっ」

瞬間、脳天に火花が散ったような感じがし、ドバドバッと放出してしまった。

真由さんも、放心したような顔をしている。

「関西では、ここのことをオメコと言うんですけど、こちらではどう言うのですか」

真由さんのオメコを触りながら訊いてみた。

「そうねぇ……」

真由さんは小首を傾《かし》げて、少し考えたあと、

「私たちはダンベとかベッチョって言ってるわ」

恥ずかしそうに教えてくれた、

「それで、男のほうは、よその地方と同じくチ×ポと言うんですね」

「ええ、そう」

言いながら、真由さんは私のチ×ポをギュッと握りしめた。

翌日、小樽駅での別れぎわ、

「真由さん、僕はときどき北海道に来ているので、また逢《あ》ってくれませんか」

と言ってみた。

「いいわね、私も逢いたいな。早めに連絡をもらったら、函館でもいいわよ」

「ああそうか、ご両親の様子を見に帰られてるんでしたね」

半年ほど経《た》ったころ、また仕事で函館へ行く予定ができたので逢うことにした。函館駅で待ち合わせ、湯《ゆ》の川《かわ》温泉のホテルへ行く。

部屋に入ると、どちらかともなく抱き合い、唇を重ねてゆく。相変わらず、すべす

べの絹肌だ。

「待ち遠しかったわ」

「僕もですよ」

シャワーを浴びたあと、窓の外の漁火《いさりび》を見ながらしたくなり、スッポンポンのまま真由さんを窓ぎわへ連れていく。

窓枠に手をつかせ、バックから真由さんのオメコにズブリと差しこんだ。

「うっ、ああ」

漁火が遠く近くに見えている。

ジュブジュブという抜き差し音に、私の下腹が真由さんのお尻に当たるペタペタという音が混じる。

「ああっ、奥に、奥に当たってるぅ」

言われてみれば、チ×ポの先に蜜壺の中でなにかがもぞもぞと動いているのを感じた。

長く楽しみたいので抜き差しをせず、両手を前にまわして乳首をいじる。しばらくそうしていると、蜜壺から蜜が漏れ、ツツッと内ももに垂れた。

「あぁん」

真由さんの膝が崩れそうになってきた。うしろから結合したまま、そろそろと歩いてベッドへ行き、抜き差しを続ける。

「ああ、もっと」

真由さんの片足を掲げると、膝立ちでさらに抜き差しを続ける。

「ああん、もうイキそうよぉ」

「ぼ、僕も、もう我慢できない。で、出るっ！」

脳天で真っ白な火花が弾《はじ》け、フィニッシュ。

そんな淫らな逢瀬《おうせ》を三年ほど続けたが、担当していた仕事が終わるとともに北海道へ出張する機会が減り、いつしか疎遠となっていった。

おばちゃんのお尻

兵庫県・会社顧問・六十五歳

その日も和江《かずえ》さんとラブホテルで爛《ただ》れるようなセックスで遊んだ。

和江さんはクリトリスを舐められては絶叫して絶頂、電気マッサージ器を当てられてはお漏らししながら絶頂、正常位でピストンされては目を剝《む》いて絶頂、そして最後はアナルセックスで喚《わめ》きちらしながらの絶頂……と、たくさんのアクメを撒きちらして、満足そうだった。

背中の汗が光っている。和江さんはセックスが楽しくて仕方がないようだが、高齢者の仲間入りをした私は、五十歳で元気いっぱいの和江さんをいつまで満足させられるだろうか。

幸いに精力も体力も不安がないので、まだしばらくは遊んでもらえるだろう。

定年退職後、私は天王寺《てんのうじ》でビル清掃会社を経営する友人に請われ、顧問として勤めることになった。

大阪で最もディープな街といわれるこのあたりは女装のメッカらしく、髭《ひげ》の生えた女子高生など、今まで見たこともない不思議な人たちが闊歩している。

会社のパートのおばちゃんたちも、ひと癖ありそうな人ばかり。そのうえテナントの店員さんたちは、こちらから挨拶しても仏頂面で知らん顔をしている。

そんな街だから、いわゆる大阪のおばちゃんも多い。私のセフレのひとりであるパートの和枝さんもそのひとりだった。

一年ほど前に旦那を亡くし、神戸《こうべ》への転居を理由に退職する和枝さんを慰労のランチに誘ったのが、この関係になるきっかけだった。

シャワー後の和江さんが、さっきの痴態が嘘《うそ》のように鼻歌まじりに化粧をしている。

たまには夕食をご馳走《ちそう》しよう。

「ここ出たら、どっか夕飯を食べに行こうか」

「うん、行こ行こ」

ということで、大阪の天王寺に行くと、地下街でホームレスの女性がうずくまって座っていた。

「寒そうで、かわいそうやな」

「かわいそうやないで。あの人は趣味であそこに座ってんねん」

「え……趣味？」

和江さんによると、その女性は通いのホームレスなんだそう。

「通い……家持ちならホームレスって言わんぞ」

息子さんらしい人がそこに連れてきて、夕方になると迎えに来るらしい。

「あの人はこの辺では有名やで。お金持ちやし」

「金持ち……？」

裕福ならば、ホームレスにならなくてもよさそうなものをと思ったが、人にはそれぞれ事情があるのだろう。

「ホームレスがあんな指輪せえへんで」

よく見ると、確かに指にキラリと光るものがある。

「見てみィ。靴下もきれいやろ」

細かいところを見ているものだと感心した。

「この街はいろんな人がおるんやなあ」

「そやからオモロイねん、大阪は」

寒さをしのぐために自動販売機と壁の間に入りこんで立っている人や、裸足を隠すために足に靴の絵を描いてる人もいるという。

「なんせ、大阪は笑わせたモン勝ちやからね」

確かにそうだ。喧嘩《けんか》しても笑わせたほうが勝ちだ。

自分がピエロになることが許せない東京人に比べ、大阪人は自ら進んでピエロになる。そして、自分がピエロになりそこねて、相手をピエロにするときはこう言う。

「俺もアホやけど、おまえもアホやな」

そう言われたら、こう返す。

「照れるやないかい」

自分がアホではないと反論すると、友達をなくすことになるから怖い。

「ま、あのホームレスおばちゃんは、なんか目的があるんちゃう?」

和江さんはそう言い、ホームレスの目的がなにかは興味なさそうだったが、私は目的を聞いてみたい気がした。

「ウチよりもエエ生活してるんちゃう？　知らんけど」

あの女性はここに来るときに、ホームレス用の衣装に着がえるのだろうか……。

それ用の衣装を持っていることもおかしいが、着がえるときの気持ちや息子さんの
理解を知りたかった。

「なあ、旅行せえへん？　ウチがお金出すから」

レストランで鰻丼《うなぎどんぶり》を食べ終えたとき、和江さんが恥ずかしそうにポツリと言った。

そういえば、もう一年ほどつき合っているが、ラブホテル・デートしかしていない。

たまには旅行もよいかもしれない。

「エエなあ。どこに行きたい？」

「ウチはどこでもエエねんけど、露天風呂つき部屋の温泉に行ってみたい」

「よっしゃ、探しとくわ」

「うれしい！」

そして翌月、家内にはゴルフと偽り、一泊二日で福井県の芦原《あわら》温泉に向かった。

途中、用を足すために名神高速道路《めいしんこうそくどうろ》の吹田《すいた》サービスエリアに寄ったが、その男子トイレの入口に「女性使用禁止」と、驚くべき張り紙がしてあった。

当たり前のことなのに、表示が必要かと和江さんに聞いてみると、おもしろい答えが返ってきた。大阪には「今だけ男ルール」が存在するのだという。もし、女子トイレで五人以上が並んでいたら、今だけ男になって男子トイレを使ってもよいという暗黙のルールが存在するらしい。

確かに大阪のおばちゃんは女よりも男に近いが、さすがに男子トイレを使うのはルール違反だろう。もっとも大阪のおばちゃんにはルールは通用しないが。

「そんなん、はじめて聞いたぞ」

「あんたが知らんだけやん」

「男子トイレに入って、恥ずかしくないのか？」

「立ちションするわけやないから、大丈夫や」

うむ、大阪のおばちゃん恐るべし。

「それとな、大阪には三秒セーフのルールがあるの知ってるか？」

「スカートの中を三秒以内なら、のぞいてもエエとかか？」

「アホか。そんなん、一秒でもあかんやろ」

三秒セーフとは、食べ物を落としても三秒以内に拾えば食べても大丈夫らしい。食べ物を粗末にしない精神は立派だが、どこでどうねじ曲がったのか、不衛生きわまりない。

旅館に着き、案内された露天風呂つきの部屋に入って和江さんが喜んだ。部屋が気に入ったようだ。

「なあ、お風呂に入ろう！」

さっさと服を脱ぎはじめた。大きなお尻が相変わらずおいしそうだ。

お湯に浸《つ》かったあと、伸びていた下の毛を剃《そ》った。

「写真を撮ろうか」

「うん」

和江さんが浴槽の縁に座り、大きく脚を開いた。

いつもながら、見事な開きっぷりである。

「いやいや、今日はそうじゃなくて」

「……え？」

キョトンとする和江さん。いつもは大股開きの写真ばかり撮っているので無理もない。

「せっかくの露天やから、きれいなヌードを撮ろうや」

「あ、そうやね」

いろいろと注文をつけ、和江さんも笑顔でポーズを取ってくれた。

「ちょっとぉ、お尻ばっかり撮ってるやん」

風呂から上がると、和江さんがバッグからいくつかの化粧品を引っぱり出して化粧をはじめた。顔だけでなく身体中になにやら塗っている。

「よおけ塗るんやな。女は大変やな」

「まあね」

腕や首すじに、マッサージするように塗りこんでいる。そして、お尻にも……。

「お尻にも塗るんか？」

「あんた、お尻好きやろ。きれいなほうがエエやろ」

「俺のために塗ってるんか？」

「そうや。普通はお尻になんか塗らんで、こんな高いモン」

お尻好きの私のために高い化粧品を使って、張りとツヤを出しているという。憎たらしいおばちゃんなのに、かわいいところがある。

「そんなに気ぃ遣ってくれるんなら、もっと君を大事にせなあかんな」

「君やなくてお尻やろ」

和江さんは悪戯っぽく笑って、自分のお尻をパチンとたたいた。

夕食を済ませて土産物の売店をのぞいたり、ライトアップされた日本庭園を見たり。日本情緒を楽しんでロビーのソファでしゃべっていた。

「なあ、パンツを穿《は》いてへんのはウチだけちゃうやろか？」

「そんなことない。こういうところでは、カップルの女はノーパンや」

「ほんまあ？」

「カップルで来る人は、それが常識や」

「常識？」

いい加減なことをそれらしく言った。

「まわりの女の人を見てみぃ。みんな助平そうな顔してるやろ」

「えっ、ほなウチも助平そうに見えてるん？」

「当然やろ」

「いややわぁ」

「まあ、魅力があるってことや」

「ふうん、物は言いようやね」

「男の人たちが君を見てるぞ。おいしそうやなあって」

「ウチがおいしそうに見えるん？」

「そのボディーやからな」

「そう思うんは、物好きなあんただけやで」

「俺は物好きやないで」

「ほな、ゲテモノ食い？」

大阪のおばちゃん特有の自虐か謙遜《けんそん》か、はたまたギャグかわからないが、自身のスタイルに思いあがらないところがかわいらしい。

「あんたもほかの女の人を見てるん？」

「俺は君しか興味がない」

「おべんちゃら言うてもあかん」

「いやいや本心やで」

「へえ、本心……あ、あの人ごっつい美人やで」

「えっ、どこやどこやどこやどこや」

わざとおおげさにキョロキョロした。

「なにが本心や！」

「ホンマやで。君よりエエ尻の女はおらん」

「お尻かいッ！」

その旅館は男女別の露天大浴場がウリなので、浸かることを提案した。

「えっ、ウチ剃ってるから恥ずかしいやん」

「俺も剃ってるけど、女は指一本で筋を隠せるやないか」

「アホか！」

「剃ってる人はほかにもいるぞ、きっと」

渋る和江さんを引っぱって風呂に行った。

風呂から上がり、ロビーのソファで待っていると、和江さんが楽しそうな顔でやってきた。

「すごいお風呂やね。この旅館、気に入ったわあ」

そう言ったあと、和江さんが顔を近づけて、小声で言った。

「なあなあ、ノーパンの人がおったで」

「やっぱりな」

「おまけにその人はツルツルやってん」

「ほらなあ。君だけとちゃうかったやろ」

「その人、堂々として隠せへんかってん」

「君は隠した？」

「その人を見てから、ウチも勇気が出て」

「それでよろしい」

「なあなあ、剃ってるのはあの人やで」

和江さん同様、ノーパンでアソコをツルツルにしていたのは、窓ぎわのソファに座っているカップルの女性だと言った。

その女性はスケベそうな色気を醸し出していて、不倫カップルのように見える。

女性の前に座っている男性が、和江さんをチラチラと見ている。長身でグラマーな和江さんは男性の目を引くのだろう。

「向こうも言うてるぞ、きっと」

「なんて言うてるん？」

「君もノーパンで、剃ってたって」

「いややわあ、部屋に帰ろう」

和江さんが立ちあがって部屋に向かった。

あとを追うようについていったが、浴衣姿のお尻がいつもより大きく見えたし、妙に色っぽかった。

「部屋でイチャイチャしよか」

「うん」

和江さんはいつものラブホテルでのセックスではなく、趣のある和室でのセックスがうれしそうだった。

「こんな部屋もエエね」

「今日は電マがないけどな」

「そんなん、いらん。これだけでエエもん」

和江さんがペニスに手を伸ばして握った。そして、いつものようにおいしいと言いながら舐めてくれた。

さんざん舐めたあとで私に乗って腰を振り、あっと言う間にイッてしまった。そして、いくつかの体位で繋《つな》がっている間も、和江さんは何度か絶頂を迎えた。

「今日はどうしたん。すごいやん」

「すごいのは君や」

私にきつく抱きついて呻《うめ》いている。

「バックからしよか」

和江さんがいつものように四つん這《ば》いになってお尻を突き出した。

このお尻を見たら、私のブレーキが壊れる。ペニスを刺しこんで一ミリでも奥へと突きたて、パンパンと腰がお尻に当たる音が響いていた。

「イクぞ」

「ウチもイクッ」

歳《とし》のせいか、射精後のペニスはすぐに縮んで抜けてしまう。布団に精液がつかないよう、ティッシュで自分のオメコを塞いだあと、和江さんが拭き取ったティッシュを見ている。

「よおけ出たね」

股間の始末を終えた和江さんが、私の手を取って庭の露天風呂に向かった。幸せだと言い、湯に浸かっている姿が色っぽく、イイ女になっている。

「大阪に帰りとうないわ」

「なら、明日は東尋坊《とうじんぼう》を見て帰ろうか」

「うん」

和江さんのうれしそうな顔を見ると、リップサービスしたくなった。

「明日の朝もしよか」

「そんな元気あるん？」

「たぶんな」

「ほな、ウチが元気にしたげる」

満面の笑みが恐ろしい。よけいなことを言うのではなかった。ひと組の布団に入って寝た。意外、そう、大阪のおばちゃんなのに、意外に寝顔がかわいかった。

翌朝、目が覚めると、和江さんがペニスを触っていた。

「あ、起きた？」

「起こしたんやろ」

「元気になってるで。これが朝勃《あさだ》ち？」

「そうや。入れよか？」

「うん」

すばやく私に跨《また》がってすぐ、ぬるりとペニスが入った。和江さんはこれを待っていたのだろう。濡れている。

この先、私のペニスで彼女の要求をまかないきれるのだろうか。若チンを与えたほうがいいのかもしれない。そんなことを思いながら腰を使い、朝エッチを楽しんだ。

「朝からこんなんできるってうれしいわぁ」

和江さんはなにもかもが目新しくてうれしいようだ。

「お風呂に入ろう」

お湯に浸かっていても、私にもたれかかり、まったりしている。

「ホンマにスケベな女になったな」

「あかん？」

「いや、エエこっちゃ」

「こんな人生が待ってたなんて、この歳になって幸せを知ったわ」

風呂から上がり、化粧品を塗っている。特にお尻には入念に……。

「いつ見ても、エエお尻やな」

「ありがとう。あんたのモンやからね。な、また連れてきてくれる?」

「もちろん」

「ホンマ?　うれしい!　ありがとう」

飛びあがって喜んでいる。かわいいおばちゃんだ。

義母の最終テスト

——大阪府・無職・七十四歳

「誘惑に負けず、挑発にもよく耐えたわね。あとは最終テストだけよ！」

分厚いステーキを食べながら、奥様が私にニッと笑いかけました。

高校を卒業し、家電メーカーに就職。配属先は大阪で、寮生活となりました。

仕事は家電の組みたて。部品が軽量で、しかも精密作業なので、女の人が大勢働いていました。

しかし私は、不細工な顔と冗談も言えないような堅物だっただけでなく、優柔不断な性格が災いして、全然もてませんでした。

そんな私に転機が訪れたのは、二十一歳目前の肌寒い二月一日のことでした。

仕事終わりに課長に呼ばれ、課長といっしょに大阪市内のホテルで中年の女の人に会いました。身長は私と同じくらい。高級そうな毛皮のコートと深紅のスーツ、私のまわりには絶対いないタイプの人でした。

「○○です。今日は無理を言って……」

そう言って顔を上げたとき、ファッと髪の毛がひろがり、糸のように細い一重まぶたの目がへの字に垂れ、真っ赤に塗られたオチョボ口がバッと現れました。

一瞬、盆踊りの屋台で売られているオカメの面そっくりだと思いました。

「……お、奥様、お、お会いできて光栄です」

課長がペコペコするこの女性はいったい何者だろうと思いました。

「えー、彼は……」

そして私の日ごろの仕事ぶりや寮生活、さらに家族のプライバシーまでしゃべる課長に呆《あき》れました。

またそれ以上にしつこく私の女性関係を訊《き》く奥様は怖いくらい真剣でした。

一時間くらいたったころ、課長が立ちあがったので私も慌てて席を立つと、

「あっ、き、君はお、奥様のお相手を！」

課長は言い、逃げるように帰ったのでよけい緊張しました。

「○○君、席をかえましょう」

ホテルの最上階のレストランに誘われ、料理を注文してくれました。

ボーイがグラスを満たすのを待ちかねたようにグラスを合わせます。

一気に飲むと、身体がカーッと熱くなり、たちまち酔いがまわりました。

「就職するまでなにをして遊んでいたの？」

「ほとんど木曾川《きそがわ》で遊んでました」

夏は泳ぎ、それ以外のシーズンは川原で石投げや魚釣り、特に覚えているのは新春の初泳ぎで古式泳法の立ち泳ぎをしながら書初めを披露したと、ついよけいなことまでペラペラしゃべってしまいます。

「うわ、寒むそうねぇ」

女の人はそう言うと、寒中水泳をして風邪を引かなかったかとか、流れが速いのによく泳いだわねと褒めてくれたり、プールでならどれくらい泳げるのかと次々質問してきました。

プールで泳いだことはないけれど、木曾川の対岸まで二百メートルくらい、いやも

っとあったと思いますが、そこを何度も往復したことがあると答えると、

「うわ、すごい。あたしも泳ぎたい」

言いながら、イスに座ったまま、平泳ぎの格好をするのです。

両手を前に突き出し、腕をのの字にまわすたびに、胸もとからオッパイがムニュッとこぼれ出そうになり、恥ずかしながらその瞬間、つい勃起してしまいました。

「ああん、うまくできない」

「う、腕の返しは、じ、上手です。あ、あとは、あ、足、だけ……」

「じゃあ、今度教えてくださるぅ」

と訊かれ、考えもなくハイと返事しました。

「うれしい……きっとよ。約束ね！」

心地よい酔いにすっかり時間を忘れていました。

寮まで送るからとタクシーに乗せられたとたん、急に酔いがまわり、私は居眠りしてしまいました。

車が揺れるたびにプニュプニュのオッパイが顔に触れ、胸もとからファッといい匂いが漂い、すごく幸せな時間でした。

すると奥様がイヤイヤするように身体を動かしたので、私の手がスベスベの太股の上にストンと滑り落ちました。そこは燃えるように熱かったのを覚えています。暖房と膝にかけられた毛皮のコートのためか、手のひらがジトッと汗ばみます。でも指先は硬直したように、全然動かせませんでした。

翌日出勤すると、課長に呼び出され、

「合格だ。がんばれよ！」

お婿さん候補に合格したと言われて驚きました。

君は口が堅く、女と悪い噂《うわさ》がないのがいい、婿さんにピッタリだと笑い、そのうえ、わしの顔に泥を塗るまねをするなよと言われて腹が立ちましたが、すぐにまあいいかと能天気なところもありました。

あの奥様はどのようなお方ですかと課長に訊ねますと、

「あの方の父上は自分の元上司で、昔、大変お世話になったんだよ」

アパートや土地をたくさん持っている資産家のひとり娘と教えてくれましたが、急にニヤニヤすると「あんなオカメの顔して十五歳も年下のイケメンの婿さんをもらって……」と口にしたあと、ハッと口を滑らしたことに気づき、慌てて「今度の休日の朝、寮の前で九時に待て」と言って、課長は席を立ちました。

当日、寮の前で待っていると車が止まり、映画スターのようなイケメンの長身男性が現れ、すばやく後部ドアを開けました。

真っ白のコート姿の女性が降りてきました。への字に垂れた細い目と、真っ赤に塗られたおちょぼ口……件《くだん》の奥様でした。

ヒラヒラと風に舞うコートの内側に若草色の服がチラチラ見えています。寒そうに肩を竦《すく》めたとき、ギュッと胸が盛りあがり、ドキッとしました。

続いて男性が助手席のドアを開けると、若い女性が降りてきました。

「カズオ君、夫の修二《しゅうじ》と娘の真由美《まゆみ》よ」

ドキュン……。

私は真由美さんにひとめぼれしました。母親に似ず、すごい美人だったからです。

「あっ、あのぅ……カ、カズオ……で、です」

緊張で喉が引きつったようになりました。

「マユが、遊園地に行きたいと言っているけど……」

真由美さんといっしょに行けるのなら、どこでもかまわないと思いました。

車中、真由美さんとうまく話ができずにいると、父親の修二さんが通訳するように話してくれ、真由美さんに笑顔が浮かびます。

遊園地に着くと、真っ先にライオンを見に行きました。ムシャムシャ餌《えさ》を貪るライオンをジッと見つめる真由美さん。

「マユ、いい加減にお昼にしましょう」

母親が言いました。

食事のあとはいろいろな乗り物に乗りましたが、特に観覧車が大変でした。ゴンドラが頂点近くになったとき、急に風が強くなったのです。

ゴトゴト……ギーギー……。

ゴンドラの軋《きし》み音に真由美さんはガタガタ震え、やっと地上に降りたとき、真っ青な顔の真由美さんをギュッと抱きしめ、気遣う父親の修二さんに、少しですが、心がザワつきました。

そのあと、気分を変えようと私の苦手なお化け屋敷に入る羽目になりました。

高校一年の夏休みのことです。級友二十人と夜の八時ごろ、村はずれのお寺に肝試しに行きました。

当時、私たちの暮らす村はまだ土葬でした。お寺の裏のお墓に名札を置いてくるという簡単な肝試しです。名札を置いてきた級友はおもしろかったとワイワイ騒いでいます。

私の番になり、ひとりでお墓に向かいました。お饅頭《まんじゅう》のように土が盛りあがった墓に名札を置こうとした瞬間、ザザザッと土が崩れて肌色の、そのときは手だと思いました。

「ギャア、手、手が……」

喚きながら級友のところまで逃げ帰りましたが、手が出てきたと言っても信じてもらえず、よけいにおもしろがる級友たち。

そして確かめようとみなでお墓に行き、土饅頭に懐中電灯を照らす。

ザザッ……ドサッ……。

「ギャア」

私は悲鳴をあげて逃げましたが、級友はへっぴり腰だったが、逃げずに、懐中電灯を照らした先にモグラが首をニュッと出していたのです。

このモグラのおかげで、不細工な顔の腰抜けと、女子にもばかにされました。

そんなトラウマがあったので、私はお化け屋敷が大嫌いでした。

修二さんを先頭に真由美さん、奥様と続き、いちばんうしろが私でした。どんどん先に進む三人とはぐれ、ひとり取り残されました。それもちょうど墓場の前でです。するとと突然、墓石が倒れてお化けが……気がついたとき、ソファに寝かされて三人がのぞきこんでいました。しかし、そのおかげですっかり三人に気に入られ、交際が始まりました。

しかし、ふたりだけのデートはなく、父親の修二さんと奥様が必ずいっしょでした。残業のない日も家でご馳走《ちそう》になり、すっかり馴染《なじ》んだころです。奥様からショッピングにつき合わされました。それも水着の……。

「うふっ、じゃあ、行きましょう」

女店主がひとりで切りもりする高級下着専門店の水着コーナーに連れて行かれました。

極彩色の水着が所狭しと陳列してありましたが、奥様の目は、その一角にスポットライトを浴びて煽情《せんじょう》的なポーズをしているマネキンに釘づけになりました。

黒いハート形のブラジャーは乳首を隠すだけの大きさしかありません。奥様が試着すると、胸を少し揺するだけで、プルンプルンとオッパイが大きく弾みます。

そして股間は、逆三角形の小さな黒い布が細いひもで腰に結ばれているだけです。

腰に手を当ててクネクネ動かすと、大きなお尻がブルンブルンと揺れるのです。

少し開いたオチョボ口から舌がペロッと、獲物を舐めるように伸びました。

女店主は当然のように「すごくお似合いですよ」と褒めたたえます。

「えっ、そんなぁ。無理、無理よぉ」

奥様は口ではそう言いましたが、私には自信満々そうに見えました。

「奥様のお体をいつも拝見させていただきましたが、羨ましいくらい素敵です」

と、女店主のさらにくすぐる言葉が続きます。

「じゃ、いただこうかしら」

奥様がオカメ顔をうれしさにクシャクシャさせて言いました。

やれやれこれでやっと帰れると思っていると、女店主がさらに奥のほうに案内しました。黒いカーテンで仕切られた部屋に入ると、そこはピンクの照明が妖しくきらめく、破廉恥な下着のコーナーでした。

細いひもだけのパンティーや、股間にパックリと穴が開いたパンティーとか鍵のついているパンティーなどなど、エロチックなものばかりです。奥様はうれしそうに、しこたま買いあさりました。

そして、私にも恥ずかしくて誰にも見せられないようなパンツを買ってくれました。娘婿候補なのに、いったいなにを考えているのかと不思議に思いました。

そして五月のゴールデンウイークに入り、家を訪問しますと奥様だけでした。ご主人と真由美さんはそれぞれ旅行中なのだそうです。

「前に泳ぎを教えてくれると約束したでしょ」

と急《せ》かされ、プールのある高級シティホテルへ。部屋に入ると、奥様はすぐに水着に着がえてバスローブをはおりました。

「うふっ、ちゃんと教えてねぇ」

プールサイドでバスローブを脱ぎ、私がプールに飛びこむと、奥様もバスローブをプールサイドに脱ぎ捨て、手すりを握って、うしろ向きにプールに入ってきました。

ドキドキ……ドキドキ……。

顔はオカメですが、肉体は超グラマー。心臓が爆発するかと思えるほど興奮しました。奥様の水着は、先日買った黒いハート形の極小のブラジャーと逆三角形のあの水着です。

大きなお尻でした。しかも、細いひもで結ばれているだけです。

一段一段慎重に降りてくるのを真下から見あげます。卑猥《ひわい》な光景でした。

「よ、よく見ててください……お、泳いでみますから」

古式泳法の平泳ぎと立ち泳ぎを披露します。

「うん、あたし、できない」

仕方なく腕を前に突き出し、手のひらをひろげ、太股までかくようにうしろまで動かし、再び腕を前に突き出す練習を繰り返します。

慣れてきたので、手すりを持った状態で足をつかみ、蛙の足の動きを練習させます。

すると徐々に上手になってきたので、もう大丈夫だろうと思って手を放すとブクブクと沈んでいったので慌てて助けます。

オッパイを触らないように腋《わき》まで手を伸ばして支え、もう片方の手はお腹《なか》を抱えるようにして泳がせます。

さすがに疲れたのでプールから出ようと先に上がり、奥様を引っぱりあげようとしたときです。

必死に泳いでいたので、ブラジャーがずれ、ピンク色の乳首が見えた。それだけでなく、腰ひもがはずれ、水着がダランと垂れ下がっていたのです。オメコがまる見え。そこは幼児のように無毛でした。

バスローブをはおって部屋に戻り、シャワーを浴びる奥様。ところが、浴室からスッポンポンで出てきたのにはビックリでした。

奥様に続いてシャワーを浴びて出てくると、真っ白のドレス姿で待っていました。胸もとが大胆にえぐれ、黒いブラジャーがのぞいています。そして、ドレスの裾から伸びた黒い網目のストッキング姿……。

「さあ、行きましょう」

私も服を着ると、いっしょにレストランに向かいました。

「誘惑に負けず、挑発にもよく耐えたわね。あとは最終テストだけよ！」

分厚いステーキを食べながら、奥様がニッと笑いました。

まさか最終テストって……お義母《かあ》さんになる人とセックスすると知り、驚きました。

部屋に戻ると、最終テストの開始です。

「真由美のため、がんばってね！」

奥様が白いドレスを脱ぎ、ブラジャーをむしり取ると、ガーターベルトだけでパンティーを穿いていませんでした。

黒い網目のストッキングを伝う淫汁を見た瞬間、私は奥様を押し倒し、窮屈な膣穴に捻りこむようにして肉棒を突っこんでいきました。

ズブズブ……。

「あっふっ……で、でかい。あぁぁん」

内部の肉襞がビクビクとチ×ポを強烈に締めつけてきます。わずか数十回抜き差ししただけで脳天に電流が走り抜け、大量の精液を膣奥に放出しました。

「最終テスト、バッチリ合格よ！」

しばらくしてから駅近くの真由美さん名義の土地に家を建ててくれ、一年後の五月に結婚しました。

跡継ぎの欲しい義母にせがまれた妻は、渋々妊娠する可能性の高い日だけセックスをしてくれ、待望の男の子が授かると私の役目は終わったのです。ただし、義母との関係は続きました。

「お義母様……お義母様……お義母様……」

性交中、そう連呼すると義母はいっそう乱れ、果てしなく貪欲でした。

そして、そんな関係は義母が五年後に脳溢血《のういっけつ》で亡くなるまで続きました。

そのあと、数人の女性と関係を持ちましたが、スケベ度で義母を超える人はいませんでした。

寮母が受けた神の啓示

埼玉県・会社役員・六十九歳

「失礼ですが、日本の方ですか」

三十年ほど前、チェコの首都プラハでの商談後、ホテルのレストランで昼めしを食べていたときのこと。見知らぬ神父が、流暢《りゆうちよう》な英語で話しかけてきた。

「……え、はい、日本人です」

「私は近くの教会の神父で、孤児院で子供たちといっしょに暮らしています」

「はあ……」

「今月が誕生日の子供が三人いますが、お祝いの予算がありません。できましたら、あなたもいっしょに参加していただきたいのです」

どうやら、見も知らぬ私に、その誕生日パーティーの経費を出せということらしい。

「しかし、なぜ私ですか」

「教会で、素晴らしい出会いがあるとの啓示があって、あなただとすぐ判《わか》りました」

私は直感的にニセ神父の詐欺か、たとえ本物でも下手な寄付集めだと思ったのだが……。

すぐにレストランの支配人が現れて、私に神父の願いを叶《かな》えるように懇請したので、本物の神父の真剣な依頼とわかったが、啓示という簡単便利な言葉には苦笑した。

断っておくが、私は品性下劣の偽善者で、女好きのスケベー。善行などまったく似合わない。ただ、関西出身者特有のええ格好しぃなので、三人分のケーキ代くらいならなんでもない。

「では、子供さんをお呼びください」

そう返すと、神父は当然というように微笑《ほほえ》んで「しばらく、お待ちを」と出ていった。

すぐに二十八人の子供が嬉々《きき》としてやってきて、好き勝手に飲み食いをはじめた。

えっ、ええっ……？

一瞬目の前の光景が信じられなかった。だが考えてみれば、神父は今月が誕生日の子が三人と言っただけである。

私は思わず、天井を仰いだ。

当時の私は四十歳の分別盛りだったが、いつもこんな結果が待っている。本当のアホだ。

そこに孤児院の寮母のリタも来ていて、私を遠慮がちに見つめていた。リタは推定三十歳くらい。少しふっくらとして、親しみのある顔だった。

長いパーティーが終わると、私に神父が言った。

「将来、また必ず会えるでしょう。あなたに神の祝福がありますように」

私は内心「神とのご交際は、お断りしたい」と毒づいたものだ。

その日の夕方、商談後にホテルに帰ると、リタがロビーで待っていた。

「お帰りなさい」

「……はあ?」

「今朝、私が目覚めたとき、運命の男性と出会うと神の啓示がありました」

下手な英語で、啓示の大安売りにうんざりしたが、もう抵抗するのを諦めた。

それでもリタの、粗末な衣服の下に隠された肉体の魅力には目が行ってしまう。肌は白く、乳房はブラウスの胸を突きあげ、お尻は少し出っぱって、ギリシャ神話の女神を連想した。

「啓示のあなたにお願いがあります。私のささやかな夢を叶えてください」

ささやかなはずなのに、高級店でワインとチーズと燻製《くんせい》サーモンを大量に買わされた。そして、その半分を「田舎の両親に、少しだけ贅沢《ぜいたく》をさせてあげたい」と送った。

自分が偽善者だからか、私は親孝行するひとを無条件に尊敬してしまう。

そのままリタといっしょに、残りの食品を持ってホテルの部屋に帰った。

そのうちにワインに酔ったリタが、自分の境遇をぼやきはじめた。

「寮母は安月給でも当然とされているだけでなく、清貧と品行方正を強要されて灰色の生活です」

どうやら宗教的理想と、生身の女の願望が大きく違っているようだ。

さらに、早く寮母を辞めるべきだったと悔いた。

リタの嘆きが延々と続いたあと「シャワーを使ってもいいですか、教会のはお湯がチョロチョロとしか出ないのです」と言うや、私の返事も待たずに浴室に消え、お湯を大量に使う音がした。

一時間後に出てきたが、入浴前の服装のままだったが、お湯のためか、欧米女性のきれいな白い肌が火照っていた。

いい女だ。寮母なんか辞めて、俗世間で気楽に生きればいいのに……私は内心そう思った。

「おやすみなさい」

そう言うと、リタは着衣のまま、私のベッドに入った。

「……え？」

私は意味がわからず「なんだぁ」となったが、ソファで眠るしかなかった。

翌朝、リタが目覚め「あれ、私はなんでここにいるの」と困惑した。

慌てて自分の下半身を調べて、性的なことはなかったと安心したあと、

「昨夜、ここで眠って……あっ、ごめんなさい。とんでもないことをしてしまいました。すみません」

必死の形相で私に謝り、食品を持って出ていった。

ところが、どういう神経をしているのか、その日の夜もリタはやってきた。

もう友人扱いされて、レストランでの豪華な食事になった。

「日本人はお金持ちでうらやましい。私の国はなんで貧乏なの。教会も私もなんで貧

乏なのでしょうか」

「いやいや、日本も貧乏。日本の家をウサギ小屋とばかにしたのは、ヨーロッパ人ですよ」

しかし、私のこの反論は無視され、日本人はお金持ちのままだった。

食後も当然のようにまた私の部屋に来てシャワーを浴び、私のベッドにもぐりこんだ。

「外国の男が、怖くないのですか」

リタの薄すぎる警戒心に呆《あき》れて尋ねた。

「日本人は紳士です。では、おやすみなさい」

無邪気な返答に呆れて脱力した。

翌朝、私がソファで目覚めると、リタがベッドの上から私を見つめていた。

「……日本へは、いつ帰るのですか」

「今日の夜です」

「あなたと私は、もう二度と会わないでしょうね」

「そうですね」

「私には寮母を辞める勇気がありません。代わりのきっかけを、あなたから欲しいのです」

意味がわからず戸惑っていると、テーブルの上のリタのバッグを指さした。

見ると、中にコンドームが一個あって、リタの覚悟を示していた。

リタが目を閉じ、両手を胸で組んだ。私の肉体をご自由にの意思表示だ。

私は進展が早すぎて困惑したが、生来スケベでゲス根性だから、お誘いに乗ることにした。

ベッドに入ってうしろから抱きしめた。リタの全身がガタガタと震えた。

案の定の反応だったので、訊《き》いた。

「男性経験、あるの？」

「えっ……あっ、あの……十八歳のとき、田舎の同級生と一度だけ」

処女だと信じていたから、ちょっとがっかりしたものの「最初の男としての責任」がないぶん、多少ホッとした。

そっと、ブラウスとスカートを脱がした。

「エエェッ」

覚悟しているはずなのに、なにをするのという声だった。

キャミソールとブラジャーとショーツは木綿《もめん》の白で、洗濯しすぎのヨレヨレだった。

ただ、私はこんな生活感のある下着が大好きだから、やはり教会の寮母は清貧だと心で賛嘆した。

まあ実態は、新品が買えないだけだろう。

抱きよせてやさしく唇にキスをした。

「ングッゥ」

低い喉の奥のうめき声で、また体が大きく震えた。

リタの唇はちょっと厚くて、まったりとしたキスに合っていた。

「ウウゥッ」

それでも我慢できないというような、うめき声が続いた。

リタの耳や首すじを、大きなナメクジのようにペチャッペロッと舐めた。

「イイィッ、ウゥッ」

快楽どころかいやがらせになったみたいで、両手でつっぱっていやいやした。

私はここで、やさしくするのがいやになった。それで好き勝手にやることにして、私は全裸になった。

びっくりするリタを無視して、キャミソールとブラジャーを手早く脱がした。

「エッ……？」

コンドームで誘ったくせに、改めてびっくりしている。

乳房は八十五センチほどの饅頭《まんじゅう》形、乳首と乳輪も大きくて薄いピンクだった。

「恥ずかしい、いやっ」

やっと普通の羞恥心で、両手で顔を隠した。

もうワクワクして、大きな乳房を揉んだ。

「ウゥッ」

リタの両目が強く閉じて、両脚がピンッと伸びた。

健康なクニュックニュッという感触は最高で、もうたまらんとさらに揉んだ。

乳首を吸い、レロレロと舐めまわす。

「イイィッ」

リタには刺激過剰だったようで、甲高いあえぎ声だ。

性器を見たくなり、ショーツも脱がした。

「エエェッ？」

やはり疑問形の戸惑いで、性交を望んでいないのかと心配になった。

リタの両脚を持って、強引に引きよせた。

「あっ、エエェッ？」

リタは裸の下半身を、残酷なほどにさらされたことに耐えられない。

「あ、ダメッ、やめて、見ないで……」

そんなかわいい哀願を無視して、三十歳の寮母の性器をいやらしく視姦した。

恥丘は盛りあがって、陰毛は欧米でよくみる薄いブロンドで、短く薄くひろがっていた。

その下の大陰唇は低く膣を縁取って、小陰唇はゼンマイのように巻いている。

私の心臓がドキッとなって、ますます勃起した。

清純女性をいじめたくなって、勃起をリタの目の前にさらした。

「エエェッ」

巨根を膣に突っこまれる恐怖を、現実に理解したようだ。

唾をためて、私の大好きな膣穴をベロッと舐めあげた。

「イイィッ」

リタの全身がビクッとなったが、自分の身の上になにが起こったのか理解できない。

しかし、一瞬後に衝撃がきた。

「イャァッ」

大声をあげて両手で膣を隠した。

「ダメ、そこは汚いです、やめてください」

セックス保守派は、膣を舐められるのは想定外らしい。

というより、下品でえげつない淫戯と信じているのだろう。

「おしっこの出るところです。やめてください」

もう悲鳴に近い哀願だ。

性に奥手の女性のいやがることを、無理やりやったら嫌われるからやめにした。

それなら次は、最高の性感帯のクリトリス舐めだ。

陰毛の下に、ピンクの象牙みたいな感じの小さいのを見つけた。

期待いっぱいで、唾をためてクリトリスをペロッと舐めた。

「ヒィッ」

いきなり上体がバネじかけのように跳ね起きて、両手で性器を隠した。

そして「私の体に、なにをしたのですか」と言うように、驚愕《きようがく》の目で私を見た。

またやりすぎたようだ。クンニは私には普通の淫戯だが、リタには青天の霹靂《へきれき》だったのだろう。

反省して、リタの体をやさしく仰向けに戻すと、やさしいキスを続け、緊張をほぐすことに努めた。

乳房をゆっくりと揉み、乳首をそっと噛《か》む。

「フゥン、フン」

リタの荒い呼吸が続いたが、今度は慎重に再びクリトリス舐めだ。

その前に白く健康な太ももに目が行き、思わずワッと舐めた。

「ウウゥンッ」

リタの両脚が伸び、腰が小さく上下した。太ももは大勢の子供たちを相手にしているためか、引きしまってすっきりしていた。よだれを垂らしながら太ももを舐めてから、そっとクリトリスに戻って舐めた。

「ウウゥンッ」

上体が大きく揺れたが、今度はなんとか我慢している。

するとうれしいことに、愛液が漏れ出てきた。舐めてみたら、無味無臭だった。

丁寧にクリトリス舐めを続けているうちに、さすがにリタの快感がアップ。

「イイィ、イィ」

リタはもうなにがなんだかわからない状態で、両足の指を内側に反らせている。

「怖い。もうやめて。怖い」

ご奉仕精神でクリトリスへの愛撫を続ける。

「アァッ、アッ……アッ……」

すると、リタであっても、ついに快感が爆発して絶頂に達した。

「アッ、アァッ……」

一瞬、体を固まらせてからハァッと大きく息を吐いて、ベッドに落ちた。すぐに右脇を下に体をまるめ、快感の続きに浸たっている。

達成感に、私はうれしくなった。ただし、射精していないので、股間の勃起は天井を向いたまま、亀頭の先から大量の先走り液が漏れていた。

リタがやっと我に返り、上半身を起こしたが、目を白黒させ、唇を半分開いたまま

「ここはどこ。私は誰？」状態である。

「……私、どうなったの。あっ、やだぁ……いきなりすごい光がきて……白い光」

そう呟《つぶや》くリタを抱きしめ、ねっとりキスをして、乳房をいやらしく揉んだ。

欧米女性の乳房は艶々として、まさに柔らかさと張りの魅力の見本である。

リタのあえぎ声が再び大きくなったが、まだなにか実感がこもっていない。そうなると半分意地で、再びクリトリスを舐めはじめた。

「ヒッ、ヒィッ、ヒッ」

今度は短く甲高いあえぎ声で、やっと性に積極性が出てきたようだ。

私もうれしくなって、いよいよ挿入だ。

そのとき急に、リタにわたされたコンドームを思い出した。私は昔からゴムが嫌いだから使いたくない。使わなくてもリタにはばれないだろうが、女性の経験不足に乗じて、ゴムなしでやるほどの悪党でもない。

袋から取り出して、潤滑剤のベトベトを我慢しながら裏表を確かめた。

精液だまりの空気を抜いて、陰毛を巻きこまないように伸ばしてかぶせた。

ただ、いつもここで性欲がそがれて、妙に照れくさくなるからいやになるのだ。

リタの両脚をつかんでM字開脚させた。

リタの両目が大きく見開かれた。男の性器を受け入れるかどうか、一瞬迷ったように見えた。

それから目を閉じて、リタは全身の力を抜いた。

亀頭を膣穴に当てて腰をグイッと押した。

「イイィッ、痛い、痛いっ。抜いて、抜いてください」

半分まで入れたところで、リタの絶叫があがった。

私が慌てて腰を引くと、リタは上体を起こし、両手で自分の性器を開いて見つめた。

まるで犯罪被害を確かめているようだった。

「あっ、あのっ、痛くて、痛くて我慢できません」

女性のこんな反応には、どんな男でも興奮が消滅させられるだろう。

私に疲れがドッと出た。もういい、これで終わり、日本に帰ろうと決心。萎えた男根からコンドームを剝がしてゴミ箱に捨て、浴室でシャワーを浴びた。

しばらくして、全裸のリタが無言で入ってきて、私にコンドームを差し出した。

「……えっ、なに」

意味がわからず、困惑した。すると、コンドームを私の縮こまったイチモツに着けようとした。だが、いったん伸ばしたコンドームの再装着は無理だ。ただ避妊具を使った経験がないから、かぶせられると思いこんでいる。私に嫌われたのを挽回《ばんかい》して、ここで必ず性交しようという決心の表れだ。

「わかったから、ちょっと待て」

リタの心情が哀れになって、コンドームを受け取った。しかし勃起していないので、私でも無理だ。

そこで勃起させるために、乳房をムギュッとつかんだ。

「アッ」

リタが一瞬胸を引いたが、意味を悟って慌てて戻した。すると、さすが美乳のクニュクニュ感触で、すぐに勃起した。

リタが驚いたような表情で勃起を見つめた。

コンドームをなんとか勃起の先の半分までに入れられた。

急いでその場に大きなタオルを敷き、リタを仰向けに寝かした。多少強引にM字開脚させて、慎重に亀頭だけを膣に刺し入れた。

男は亀頭だけのピストンでも射精するし、リタの痛みも軽くなる。両手に重心を移して、腰だけでヘコヘコと出し入れをした。ただし半分かぶせられなかったぶんのコンドームが、膣の中でへろへろと動くのでイライラさせられた。

「ウウゥッ、ウウッ」

リタは亀頭だけの挿入でも痛みに呻《うめ》いたが、必死に我慢を続けている。

少し珍妙なピストンで疲れたが、早く射精しようと亀頭に念をこめた。すると通じるもので、射精感がせりあがってきた。

もうヤケクソで抜き差しをしたら、亀頭が弱くボワッと破裂して射精。短くもそこの快感があったから、無事にセックスができたことにしようと思った。

リタの上から降りてゴロンと横になると、半分しかかぶせていなかったコンドームが、デロッと亀頭から抜け落ちた。無言で抱きついてきたリタの頭を撫でてやる。

リタは空港まで見送りにきてくれた、終始無言でうつむいているリタを抱きしめたのが、最後の別れとなった。

不思議な人妻

――神奈川県・エンジニア・五十九歳

「しばらくのあいだ仕事が忙しくて、手が下半身に向かわなかったの。けれど、昨日久しぶりのオナニー。オカズのAVは大好きなマッサージもの。久々だからか、アソコが濡れすぎて超敏感。気持ちよくイケて大満足でした。

そしてお昼寝。寝ていると、ラブホテルにいい人と自転車で向かう夢を見た。夢に浮気相手が出てくるなんて珍しい。去年別れた彼だから、会いたくても会えない。それが夢になった感じ。

でも夢の中では、セックスまで再現しなかった。

夢では、エッチがなかなかできないなぁ」

エッチなSNSサイトで、人妻のこんな書きこみを見つけ、コメントを書いた。

「そうですか……夢で元カレとラブホですか。

僕も昔、夢にW不倫の相手が出現。いっしょにお酒飲んでいて、相手の名前を呼んだら、その声が実際に口に出てしまい、夢から飛び起きたことがあります。

まだ妻と添い寝をしている時期でしたから、あのときは驚いたなぁ。

危なかったです（笑）」

すると当然のごとく、彼女からのエッチなコメント返しが載り、それから何度も文字での会話が続いた。

そんなSNS上の、彼女の日記内でのコメント交換が、SNSのメールに移り、最終的に携帯電話のメールアドレスの交換となった。

こんな説明をすると、メアド交換まで何日間か経過しているだろうと思われるかもしれない。ところが半日、それも午前中だけで、そこまでになったのだから、すごい展開だ。

しかも、セックスするまではどれぐらいかかったかと言うと、したのは、その日の午後だ。つまり、半日で人妻を口説いたことになる。ネットナンパ体験では最短の出来事だった。

今から十年以上前の体験だから、私はまだ四十代、ナンパし放題の時期だ。

お相手は三十歳前半の奥様。住んでいるのは、隣の市。SNSでのハンドルネームは忘れたが、洋子《ようこ》と呼んでと告げられた。

もっとも、年齢も名前も自称なので、本当かどうかはわからない。だが、午後に逢《あ》えば、歳《とし》だけはわかるだろう。

十一時半、携帯が鳴った。

電話番号は交換済みなので、彼女だとすぐわかった。

隆司《たかし》さんですかと、かわいい声。それに「はい」と答え、一時間後に逢う約束をした。トントン拍子にことが進んでゆく。

昼食はどうするのかと訊《き》くと、食べてきてくださいとのこと。よけいな出費がなくなった。

待ち合わせ場所は国道沿いのパチンコ屋の駐車場。エッチなSNSでの出会いである。逢ってすることと言えば、当然、セックス。洋子さんはかなりのやり手のようである。期待がふくらむ。

待ち合わせたパチンコ屋までは自宅から二十分ほど。女房に本屋に行くと告げ、飯は食べてくると話し、車に乗った。途中にある牛丼屋で腹を満たし、早めに待ち合わせ場所に向かう。

パチンコ屋のトイレで、いつも携帯している歯ブラシで歯を磨いた。うがいしながら時計を見ると、待ち合わせた時間より十分ほど早い。車の中で待つことにした。

八月の駐車場は、アスファルトが融《と》けるのではないかと思わせる暑さだ。エンジンを切ってまだ五分ほどしかたってないのに、車の中はサウナ状態だった。

エアコンを効かせ、駐車場の入口を眺めていると、モスグリーンのＢＭＷが入ってきた。すぐに止まり、ハンドルを握る女性が下を向いた。

私の携帯が鳴った。洋子からだ。

「ＢＭＷですか」

「ええ」

正面にいることを伝えるため、パッシングする。

「ああ、はい、わかりました。今そばまで行きますから、私の車に乗ってください」

洋子が告げ、電話を切った。

こちらの車で行くものだと考えていたが、逆のようだ。これからの行動は彼女任せになる。ちょっとやりづらくなった。

彼女の車がそばに来たので助手席に乗り「はじめまして」と互いに挨拶。

洋子は笑顔で緊張はしていない感じだ。それに合わせ私も微笑《ほほえ》んだ。

デブとかポチャではないが、体格がいい。美人とは言えないけれど、清潔感があってかわいい。三十代後半ってところか。

十人並みの私としては、安心、満足のできるお相手だ。

雑談を交わしたあと「お金はかからないですよね」と、突然、彼女が訊いた。

「……え、どうして」

「私の親友が、あのSNSでホテルに行って、相手にお金を要求されたんです」

「うそでしょ。その相手の男、ヤクザかなんかなの？」

「いいえ、普通の人。会社員の名刺を見せられたって」

「で、払ったの？」

私の問いに、洋子が首を振った。

「ううん、払わなかった。で、エッチもなし」

「エッチなしですか……ところで、今日はどうしますか」

「いまこの車はラブホテルに向かっています」

洋子が微笑んだ。

ホテルが国道の左側に見えた。ウインカーが点滅し、長暖簾《ながのれん》の入口をくぐる。

エントランスで部屋を選択し、カギを受け取るのも、洋子が行う。

こうも彼女主導では、なんだかこっちが口説かれた感じだが、正反対の展開がおもしろい。

さあ、これからどうなる。

部屋に入るなり、キスしてきた。腕を背中にまわすと、洋子は腰のうしろに手をまわした。肉づきがほどよくあるから抱き心地がいい。

舌をからませ、フレンチになる。うまい。舌先を器用に動かし、上あごまで舐めてきた。エロいとは思っていたが、予想以上だ。毎回これでは、旦那はさぞ大変だろう。

さっき歯を磨いたのは正解だった。清潔好きな女性は臭いを嫌う。女と仲よくなるには、そこを押さえておくことが肝腎《かんじん》だ。

背は百六十五ほどだろうか。私のほうが十センチは高いが、足が長いうえに背伸びしているので腰位置はほぼ同じだ。

そっと抱きよせると、互いの恥部が当たった。まだ勃ってはいないけれど、ふくらみはじめている。わざと気づかせるように腰を突き出した。

「あらっ、もう大きいのね」

洋子が唇を離し、私の股間に目をやった。

「ああ、今、ほぼ半分くらいかな」

と笑うと、

「じゃ、期待しちゃおうかな」

と、洋子が喜んだ。

それほどではない。むしろ小さいほうだ。だが、そう言われると悪い気はしない。

いったん身体を離す。互いの手がもとに戻ろうとすると、洋子が右手を握ってきた。

「シャワーにしましょ」

「だね。今日は暑かったから、なんとなくベトついてる気がする」

「私も汗っかきだから、サッパリしたいし」

と口にし、洋子が私の手を引く。

脱衣所で脱ぎはじめると、洋子も薄手のカットソーをはずし、白いフレアな膝丈のスカートを下ろして、ブラとショーツだけになった。

ブラがきつめなのか、ちょっとはみ出したお肉がエロっぽい。

ショーツはかなり丈が薄い。こちらに尻を向けているので、かがむと谷間がはっきりと目に入った。全体に肌が白い。日本人には珍しい肌色だ。

「ずいぶん白いね」

「ええ、よく言われるわ。白人みたいって」

自慢なのか、下着姿のまま洋子がくるりとまわった。

「その下は？」

「こんな感じ」

洋子が全裸になった。

ん……恥毛がない。パイパンだ。

驚いていると、

「剃《そ》ってるのよ。夫が好きなのよね」

恥ずかしげもなく洋子が足下を開くと、サッパリした股間がまる見えになった。

肉唇が小さいのか、割れ目からはみ出していない。一本筋だけだ。

「もっとも夫以外の男性たちも、誉めてくれるけどね」

洋子は「男性たち」と口にした。経験数が多いのは間違いなさそうだ。

「きれいだな。オッパイも大きいし、まるで欧米のポルノを見てるようだ」

「ありがとう。では、ストリップはお終《しま》い。シャワーに行きましょ」

また手を引かれた。

洋子はシャワーを浴びながら蛇口をひねり、バスタブに湯を注ぐ。

「ちょっとは長居しても平気でしょ。お風呂に入ろうよ」

私がうなずくと、まだ半分もたまっていないのに誘われた。

いっしょに足を伸ばして、背を湯船に任せる。太ももが隠れるほどになると、勢いよく注ぐ音が少し静かになった。

「仕事って、訊いてもいい？」

「病院の事務よ。パートだけどね。今日は出社したんだけど、午前中だけになっちゃたの。だから、お昼は自分で作ったお弁当」

「それで午後暇になったから、こうなったんだ」

そう言って、洋子の身体を自分に寄せた。

「そう、エッチしたくなっちゃって、夏ってそんな気持ちになるでしょ？」

洋子は甘え顔だ。彼女の右手がそっと肉棒をつかみ、上下にしごきはじめた。

「よく逢うの、男性と？」

「去年、彼氏と別れちゃったからね。でも、今年はまだ三人目かな」

素直に答えた。

まだってことは……と考えそうになったが、やめた。詮索しても意味がない。

「エッチしようか？」

耳もとで囁く。

「いいわよ。バスタブでしたことないし、ここも大きくなってきてるしね」

洋子が陰茎を強く握った。

パイパンの女陰を確かめる。つるつるの肌がうれしい。

指を縦溝の深穴に静かに入れてみる。中は充分に濡れていた。その蜜をかき出すように指を動かす。

「ああん……濡れてるでしょ。さっきからしたくて、したくて……ね、もう挿《い》れて」

奥ゆかしさなど微塵《みじん》も感じられない。それがエロ系ＳＮＳの出会いだ。

挿れてと頼んでおきながら、洋子は自分から跨《またが》ってきた。肉棒をつかみ、自分の中心を狙う。そして、ゆっくりと腰を下ろしてくる。

もう一方の指で、自分の縦溝を器用に開く洋子。

剝《む》き出しになった肉唇が見える。妙に長く、変な形をしていた。

グニュッという感じで、亀頭が肉に包まれた。

「ああん……挿《はい》ってきたわ」

確かに入っている。でも、ゆるい。まるで底なし沼のようだったが、いい感じだよとウソをついた。

湯の面がふたりの交わっている位置まで来ていた。洋子の腰が上下すると、チャップン、チャップンと波立つ。その音が、だんだん騒々しくなる。洋子の喘ぎ声も激しくなった。

それなりに感じているのか、中がたまに締まる。それでなんとか勃起が維持できた。

「ねえ、イキそうよ。ピル呑《の》んでるから、中出しして……ああん」

そのことを伝えると、洋子の肉穴がギュッと強く勃起をつかんできた。

さすがに快感が弾《はじ》けた。自らも下から打ちあげる。湯が荒々しく踊った。

「ああ、イク、イクわ」

その洋子の声が、精子を迸《ほとばし》らせた。

最初の一発目が吐き出される。最高の瞬間だ。続々とあとに続く射精感。なんとも気持ちがいい。

洋子が鎮まり、身体をあずけてきた。こうなるから女はかわいい。

四股を踏んだようにM字開脚の洋子。その姿勢で肉棒がはまっている。湯の量が満たされ、自動的に止まった。湯の面が落ちつき、バスルームが静かになる。

「よかったわ」

「俺も気持ちよかった」

洋子が身体をずらした。収まっていた肉棒が自然に抜ける。その部分をいっしょに眺めた。透明な湯に白い濁りができている。微笑むふたり。じつに平和だ。

そのあと、ベッドで洋子が電気マッサージ器でオナニーを見せてくれた。

本気でイキ終えてから、洋子は私に前立腺マッサージを施した。尻穴に指を突っこみ、その部分を撫でてくれるのだが、いっこうに感じない。私には不向きなようだ。

そして最後に、普通のセックスをして別れた。

しばらくして、あのときと同じSNSで「不思議な人妻」というハンドルネームの女性の「どなたかクンニ好きの方はいませんか？　自信をお持ちの男性募集中です」との書きこみにコメントをした。

「はい、今、手を上げました」

すると、一時間ほどして携帯が震えた。メールだ。

「ウソばっかり（笑）この前逢ったとき、してくれなかったくせに（涙）洋子」

なんと「不思議な人妻」は、洋子だったのだ。以来、洋子とは連絡をとらなくなった。クンニ好きの男が見つかることを祈っている。

いけないプレイタイム

埼玉県・主婦・三十三歳

婚活アプリで知り合った真一《しんいち》さんはビックリするほど理想のタイプで、出会った瞬間、私は思わず内心ガッツポーズをとったくらいでした。

好きな俳優にソックリで背が高く、朗らかなうえに仕事も有名企業勤務。そしてなにより、趣味と価値観がピッタリ。互いに話が尽きず、やっとめぐり合えたこの出会いに、私は運命すら感じたのでした。

彼も私のことが気に入ってくれたようで、とても紳士的に振る舞ってくれましたが、慎重すぎて三カ月も清い交際が続いたため、焦《じ》れた私がお酒の勢いで迫り、やっとベッドインできた次第です。

それに肝腎《かんじん》な体の相性もバッチリ。こうしてトントン拍子に婚約まで進んだのですが、そのうちに彼が思いつめた表情をすることが増えたのです。

なにか悩みごとでも……と心配して尋ねてみると、彼は意を決した顔で悩みを打ち明けてくれました。

そして……私は、彼の伴侶としていっしょに生きていくために、彼を救う決意をしたのです。

数日後の休日、私は都内の地下鉄の満員電車に揺られていました。ドア横の空間に入って立ち、その背後には私を庇うようにして真一さんが立ちます。

やがて私は、股間に違和感を覚えて、ビクッと体を震わせました。すると、

「里香《りか》、大丈夫？」

真一さんの声がしたのであわてて頷くと、その違和感はさらに大胆に動きはじめ、ついには私のお尻を撫で、揉みはじめたのです。

もちろん、その手は真一さんの手……そう、真一さんは「痴漢プレイ」をしたかったのです。

最初その願望を聞いたときにはたいへん驚きましたが、女性なら誰でもよいわけではなく、好きになった女性にしか痴漢行為をする気が起きないのだとか……。

最初につき合った年上女性と痴漢プレイしてからその癖が刷りこまれてしまったそうですが、見た目も性格もいいのに三十代後半まで独身だったのは、同じ性的嗜好《しこう》の女性にめぐり合えず、また思いきって告白してもフラれてしまったからだそうなのです。

でも、私のことは愛しているので、ずっと悩んでいたのだと……。

実際の痴漢は犯罪だけど、互いが了解のうえで密《ひそ》かに楽しむだけだから、ま、いいか。私も今まで出会ったなかで最高の男性だったのと、彼にそういうことをされる場面を想像すると思わずアソコが熱くなってしまうのを覚えたので、この大胆なプレイの相手を引き受けることにしたのです。

ただ注意しておかなければならないのは、電車の中での他人の目です。万一、見られたら、面倒なことになってしまいます。

こうして真一さんの手のひらは、存分に私のお尻の感触を楽しんだあと、今度はスカート内に侵入して、パンティーの上から指を滑らせてきます。

その動きに合わせて脚を少し開きぎみにすると、真一さんは次にうしろから指をパンティーの中に入れ、お尻の割れ目を数回すっとなぞりつつ、もう片方の手を私のチユニックブラウスの裾から手を入れてきました。

胸もとを弄《いじ》り、乳房を揉みしだきながらブラの中に手を入れ、乳首をつまんできます。

「あ……」

思わず、声が漏れてしまいそうになります。

おもむろに膣内に指をそろそろと差し入れてきました。指は濡れはじめた膣の入口で小動物のように蠢《うごめ》きながらだんだん奥のほうへ侵入してきます。

そして、その動きに合わせて彼の息遣いも次第に荒くなって、私の耳もとに熱い吐息を浴びせてくるのです。

ああぁ……ダメよ、そんなに感じさせないで……。

声を出すわけにもいかず、じっと耐えている私の表情を窓越しに見ていた彼は、

「里香……なんてかわいいんだ」

とささやきながら、さらに指の動きを加速させてきました。

粘りを帯びた愛液がトロトロと溢《あふ》れはじめると、彼は指を抜き、今度はその愛液をクリトリスに塗りたくって刺激してきたのです。

クリ敏感派の私は、たまらずに大きく息を吐いて、その場に崩れ落ちそうになりま

した。その瞬間、真一さんはすばやく私を片腕で抱きとめると、再び膣内に指を入れて、グチュグチュと抜き差しさせます。

「ああ、里香、すごく感じているんだね。アソコがひくひくして、僕の指を激しく締めつけてくるよ」

「ああん……」

真一さんは、膣から指を抜いてはクリトリスを弄び、再び挿入させて……を繰り返してきます。

ついに私は、快感が頂点に達してしまって、

「ああ……もうダメ」

小さく呻きながら、その場に崩れ落ちそうになってしまいました。

真一さんは背後から私の体を支えながら、

「素敵だったよ、里香。もうすぐ次の駅に着くからね」

やさしくそう言い、駅に着くと、ホームのベンチまで支えて歩いてくれました。

しばらくベンチで休んだあと、まわりに人影が消えたのを見はからって、真一さんは私を強く抱きしめ、情熱的なディープキスをしてくれました。

もちろん、私も興奮が醒《さ》めないまま、狂おしく彼の唇を貪ったのは言うまでもありません。

やっと唇を離すと、

「里香、君はなんて感度がいいんだ。こんな女性は、はじめてだよ。ああ、最高だ。愛してるよ」

彼は再び熱いキスをしてきました。

「私も……こんなのはじめて……どうしよう……」

喘ぎながら答えます。

「里香、もう我慢できない。ホテルへ行こう」

彼は私の手を取ると、駅を出て少し歩いたところにあったラブホテルにチェックインしました。部屋に入るやいなや、私たちは強く抱き合い、互いの唇を貪るように口づけし合います。

やがて彼は、私の耳や首すじに舌を狂おしく這わせ、ダイレクトに性感帯を探し当てては、飢えた獣のように責めるのです。

「あ、あぁぁ……」

快感に陶酔していると、彼は胸もとまで下がってきて、私の乳房をブラウスの上から撫でまわし、やがて裾をまくりあげると、ブラから乳房を取り出して、じかに揉みしだきはじめました。

「あ……はあぁん」

甘い声をあげてのけぞる私の上で、彼はその熱くとがった舌先で乳首を舐めまわし、絶妙な力加減で吸っては、私を快感の奴隷へと堕《お》としてしてゆきます。

「あ、ダメ……気持ちよすぎて、変になっちゃうぅ……」

懇願する私の声も、自然と甘い響きを帯びてきます。

真一さんの息遣いがますます荒くなっていました。

彼の手がスカートをまくってパンティーを剥ぎ取り、荒く熱い息を私のアソコに吐きかけながら貪りはじめます。

「ああん、ダメよぉ、まだシャワー浴びてないのにぃ」

身をよじって逃げようとしても、彼は私の両太ももをがっちりと抱えこんで放さず、クリトリスをしゃぶり、舌先でレロレロと弄びつつ、溢れ出てくる愛液をジュルジュルと吸いつづけます。

「はぁん、ああん、もう死んじゃうよぉ」

羞恥と快感で半狂乱になって身をよじり、絶叫する私の姿を楽しむかのように、彼は私の股間をなぶりつづけます。

そしてあまりの快感に私が放心状態になると、彼はやっと股間から顔を上げました。改めて私の服を全部脱がせ、自らも全裸になります。

「里香、きれいだよ。愛してる」

言いながら、垂直にそそりたったオチ×チンをぐいっと私の中に挿入してきました。

「はうっ！」

脳天まで電流が走ったような快感を覚え、思わず彼に抱きつくと、彼は腰をがんがんと激しく打ちつけてきて、うわ言のように「里香、里香」と私の名を呼びつづけます。

「あ、ああん」

次第に私も肉欲の奴隷と化し、自ら狂ったように腰を浮かせて乱れまくってしまいました。

やがて私が達してしまうと、彼はさらに激しく突きまくったあと、お尻と腰をビクンビクンと痙攣《けいれん》させて、果ててしまいました。

「ごめん、思わず中に出しちゃった……でも、里香のことは本当に愛してるから、もし妊娠したとしても、うれしい」

いっときの放心状態のあと、私にキスをしながらそう言ってくれましたので、感激しました。

「わかったわ、真一さん。私もうれしい。でも、結婚しても家事や育児は協力してね。それから今日みたいなプレイもときどきなら……」

「もちろんだよ。一生大事にするよ。愛してる……」

彼はやさしく抱きしめてくれました。

そのあとバスルームへ行くと、彼は両手にソープを泡立たせ、まるで壊れ物を扱うようにして、私の体をやさしく丁寧に洗いはじめました。もちろん、アソコの中もシャワーの水流を弱くして、指でやさしくくちゅくちゅと洗ってくれました。

お返しに私も洗ってあげると、彼のオチ×チンがまたむくむくと大きくなってきたので、跪《ひざまず》いて口に含み、心をこめてねっとりと舌を這わせます。

「ああ……里香、気持ちいいよ」

喘ぎながら、彼は私のフェラに身をゆだねていましたが、

「ダメだ。これ以上されてたら、口の中でイッてしまう」

真一さんは私を壁に向けて立たせ、腰を突き出させると、跪いて私のお尻の肉をそっとひろげました。

チュバチュバ……。

音を立てて舐めはじめます。

「あはん、真一さん……」

すぐに愛液を溢れさせてしまった恥ずかしさに見悶《みもだ》えましたが、彼は構わずジュルジュルと啜り、ときおりその愛液を舌先で掬《すく》っては私のアヌスのまわりにペロペロと塗りたくり、

「かわいいなぁ、里香のアヌスがひくひくしてる。とても蠱惑《こわく》的だ。ああ、里香のなにもかもが愛《いと》おしい」

そう言うと、アヌスの皺《しわ》の一本一本をなぞるようにじっとりと舐め、ついには穴のすぼまりを舌先でツンツンと突いて、中に入れようとします。

「いやん、そこだけは許して」

「そうだね、まだ時間はあるから、ここは結婚してからゆっくりと開発していこう」

いったん離れると、すでに復活していた硬いオチ×チンをバックからズブリと挿入してきました。

「ああん」

思わず仰《の》け反ると、彼は私の顎に手を添えて振り向かせ、貪るようなキスをしてきました。そして、まるで攻めたてるようにガンガンと腰を打ちつけてきたのです。

「あっ、あっ、あっ」

壁に押しつけられ、大きな喘ぎ声をあげます。

繋《つな》がったまま、彼は私のオッパイを鷲《わし》づかみにしてこねくりまわしたり、お尻の肉を揉みしだいたりと荒っぽい愛撫を繰り返します。

「はああ……真一さん、もうダメ、またイッちゃう……」

息も絶えだえに訴えると、

「里香、もうイッちゃうの？　僕も里香のイクときの顔見ながらイキたい」

彼は体を離すと、すぐにバスルームを出て、洗面所で私を鏡の前に立たせ、またお尻を突き出させると、再び挿入してきました。

「あはぁん！」

先ほどよりも速度を増して、腰を打ちつけてきます。

「ああん、はぁん……」

再び襲来した快楽の波に身をゆだねながら、ふと顔をあげると……そこには獣の牡と牝と化して、肉欲を貪るふたりの痴態が鏡に映し出されていたのです。

「里香、里香、ほら、見てごらん。君は感じてくると、すごく色っぽい顔になるんだ。そしてイッた瞬間は、観音様のように神々しい顔になるんだよ」

そう言いながら、彼は私の顔を手で支えて前を向かせると、そこには蕩《とろ》けそうな目をして、口を半開きにした私の顔が……。

そんな私の顔を彼はやさしく撫でて、

「こんな表情を見せてくれた人は、はじめてだよ、ああ、本当に愛おしい」

と呟《つぶや》くのです。

そしてそのまま、私のクリトリスをグニュグニュと摩擦しだしたのです。

「ひあぁ！」

新たな刺激に反応して仰け反ると、彼はすかさず私のうなじと耳を、飢えた犬のように舐めしゃぶるのです。

「ああっ、もうダメ、イッちゃうう、イッちゃいますぅ」

背骨が折れそうになるほど仰け反りながらイッてしまった私を、彼は挿入したまま
うしろから支えてくれました。そして私の体から力が抜けてぐったりしてしまうと、
オチ×チンを抜き、私をベッドまで抱きあげて運んでくれたのです。

私はそのまま眠りについたのですが、新しく湧きあがってきた快感に目を覚ますと、
真一さんが再び私の中に分け入って、激しく腰を使っていました。

ガツン、ガツン……。

突き入れられるたびに恥骨と恥骨がぶつかり合う、いやらしい音が響きます。

「あぁん、ああん、ダメ。私、壊れちゃう、壊れちゃうよぉ！」

「ああ、なんて素晴らしい眺めなんだ。また里香の顔が淫乱に輝いてきたよ。最高だ。

最高だよ、里香」

彼は激しい波のような動きを止めずに、私に言いました。

「やだ……私、こんなに淫乱な女じゃなかったのに……恥ずかしいわ」

「そうか。じゃあ、今の里香の姿を見せてあげるね」

言いながら、彼は結合したままバックの体勢に移ると、私を抱きあげて、膝の上に

座らせました。

そして、私の両ひざを抱えて開脚させると、ベッドの縁に腰かけました。

目の前にはドレッサーがあって、繋がったままの私たちの痴態が映し出されていたのです。はじめて目にした結合部分はぬらぬらと愛液で光っていて、とても妖しい光景でした。

「あ……いや、私たちすごいエロい格好してる……」

「ふふふ。そうだよ。里香のかわいくてエッチなおマ×コが俺のチ×ポをパックリ咥《くわ》えこんでるだろ。じつにいい眺めだ」

そう言いながら、彼は左手の指で私の肉壁を開き、右手の指でクリトリスを刺激してきました。

クリの先端を人さし指でなぞられ、刺激されると、彼のオチ×チンを咥えこんでいる私の秘穴がヒクヒクと痙攣し、さらに卑猥《ひわい》な眺めへと変化してゆきます。

「あぁぁ……」

あまりの恥ずかしさに、思わず目を背けようとしましたが、

「ダメだよ、ちゃんと目に焼きつけておくんだ」

彼は私の顎をつかんで正面を向かせると、

「今度は自分でクリちゃん、いじってごらん」

と、私の手をクリトリスへ導いたのです。

私が言われたとおり、自分でクリを刺激しはじめると、彼は私の乳首をつまみ、背後から耳たぶを甘噛《あまが》みしたのです。

「あ、あ、もう、イッちゃう。イッちゃいますぅ」

はじめて見る自分の痴態と急所攻めに耐えられず、私はみたびイッてしまったのでした。


半年後、私たちは結婚しました。そして今でもときおり、満員電車に乗って、痴漢プレイを堪能《たんのう》しては、そのあと激しく楽しく子作りに励んでいます。

男と女の交差点

東京都・パート・六十四歳

認知症の母の介護のために、私は会社を辞めた。ところが、それがきっかけとなり、百合《ゆり》と出会ったのだから、人の縁とは不思議なものである。

私と母は離れたところに住んでいて、会うのは年に一度くらいだった。ところが、何度かけても、母が電話に出ない日があった。心配になり、休日に実家へ行ってみると、母がベッドにうずくまっていた。

あわてて救急車を呼び、入院させた。

「母の具合はどうでしょうか」

「まあ、栄養失調ですね。おそらく一週間ほどで退院できると思いますが、それよりも認知症のほうが心配ですね」

「え、認知症……ですか」

「はい、ご存じなかったのですか。かなり進んでいますよ……いちおう、お薬は出しておきますが」

私は呆然《ぼうぜん》とした。認知症など、考えてもいなかったからである。

「ご家族が面倒を見られるといちばんいいのですが、それが難しいとなると、施設を探すしか……」

というわけで、私は会社を辞め、母と同居することになったのだった。

父親は早くに亡くなっており、私には兄弟もいない。私は、若いころに結婚はしたが、子供ができないまま、妻の浮気により離婚。母ひとり、子ひとりという境遇では、私が面倒を見るしかない。

妻と暮らしていた家にそのまま住んでいたが、そこを引き払って、実家に帰ったというわけだ。

当座の生活費は、退職金、失業保険、母の年金でまかなえるが、そのあとは……しかし、あとあとの心配をする暇もないほど、毎日が忙しかった。

むろん、母は紙オムツをしている。オムツをつけたりはずしたりするとき、いやが応でも自分の出てきたところを見なければならない。

さらに、母には幻聴があるらしい。

「一郎《いちろう》、一郎、なんか聴こえないかい……」

「えっ？」

「ほら、誰か歌ってるよ……チャララチャララ、ポン」

と歌い出すが、私にはなにも聴こえない。

そうとうストレスはたまったが、唯一の息抜きがあった。

幸い母は、夕飯を食べて薬を飲むと、ベッドでテレビを見ながら寝てしまい、翌朝六時ごろまでは目を覚まさない。

私は母の就寝後の九時ごろになると、自転車で五分ほどのところにある居酒屋に通うようになった。おちんという、小さな赤提灯《あかちょうちん》の店だ。七十歳近い女将《おかみ》の店で、下働きの若い女が手伝っている。

母の介護をはじめてから一年が過ぎたころ、おちんに通い出してから三カ月目のころだったか。

その日、おちんに行くと、女将がいなかった。その代わり、眼鏡をかけたおばさんがいつもの下働きの女と働いていた。

「いらっしゃいませ」

「あれ、女将さんは？」

「今日はお休みです」

「へえ、珍しいね」

「ご主人の具合が悪いとかで、急に……」

「そうなんだ」

「なにになさいますか」

「とりあえず、ビールを」

ビールを飲んでひと息つくと、眼鏡のおばさんに話しかける余裕が出てきた。

「おばさん、あっ、お姉さん、見かけない顔だね」

「おばさんでいいですよ。お客さんとははじめてだけど、週に二回くらい手伝ってるんですよ。今日はたまたま」

「そうか。私も週に二回来てるけど、入れ違いかな」

「私の出勤日は、日曜と木曜なんですよ」

なるほど。私はだいたい土曜と水曜に来ている。毎日来るのは、経済的に大変だ。

「今日は水曜だから、明日も来るの？」

「はい」

「ところで、名前はなんて言うの？」

「百合でーす」

「百合でーす、なんて、若い娘じゃないんだから」

女性は明るい性格のようだ。年齢は五十代だろう。眼鏡をかけているが、小柄だから若く見える。私はこのおばさんに好印象を持った。

そして翌日も、私はおちんに向かった。外は、初冬の雪がちらほら舞っていた。

ドアを開けると、女将と百合がいた。

「あら、安村《やすむら》さん、珍しい」

「昨日も来たんだよ」

「百合さん、こちらは安村さん。最近、ご贔屓《ひいき》なのよ。安村さん、お母さんの具合はどう？」

「相変わらずですよ」

百合が心配そうな顔を私に向けた。

「お母さんの面倒を見てるんですか。飲んでて大丈夫ですか」

「いったん寝たら、朝まで起きないんで、大丈夫」

そして私はカラオケで歌い、夜遅くまで楽しく飲んだ。

以来、私は百合の出勤日に合わせ、木曜と日曜に、おちんに通うことに決めた。だが、その翌日、不覚にも朝寝坊をした。深酒がたたったのか、目が覚めたら九時だった。毎朝六時には目が覚める母に朝食を出していない。

母の部屋に行くと姿がなく、玄関に母の靴がない。戸が少し開いている。

私は着がえもそこそこに、表へ飛び出した。

はて、どこへ行ったのか……。

私は自転車でそこいらを探しまわったが、母の姿はない。

結局、私は交番へ行って事情を話し、探してもらうことにした。

数時間たつと、交番から連絡が入った。隣の駅の交番で保護されているという。

私はタクシーで隣の駅に迎えに行った。

それからしばらく、私はおちんに行かなかった。

するとある日、女将から電話があった。

「しばらく顔を出さないから、心配になって……百合さんが連絡してみろと言うので……」

私は母が徘徊《はいかい》した顚末《てんまつ》を話し、明日は顔を出すと伝えた。明日は木曜日だ。

翌日、おちんに出向いた。百合は親身になって、愚痴を聞いてくれた。

「どこか、施設とかは無理なんですか」

「あちこち当たっているんだけど、施設の内容とか、料金の問題とか、いろいろあって難しいんだよ」

「私、昔、介護施設で働いていたんですけれど、知り合いがいるから聞いてあげましょうか」

「近くの施設なの？」

「そうよ。この店から一キロぐらいのところ」

「じゃ、お願いしてみようかな」

少しでも機会があれば、私はそれを逃したくなかった。

日曜日に、おちんに行くと、百合は待っていたかのように、

「私の知っているケアマネージャーが、お母様に会いたいと言っているけど……」

「ほんと⁉」

母の介護問題に、少し光が射《さ》したような気がした。

次の日曜日、ケアマネージャーの町田《まちだ》さんを連れて、百合が我が家にやってきた。

町田さんは三十代くらいの、きれいな人だった。

だが、町田さんが母の様子を見て、いろいろ質問すると、母は突然怒りはじめた。

「なにやってるんだい。オレをばかにするのもいい加減にしろ！」

母は異様な形相だった。

町田さんは母をなだめながら、専門医に受診させることを私に勧めた。そして、今後のことをアドバイスしてくれた。

翌日の月曜日、百合は再び家に顔を出してくれた。

「あれから、お母様、どうでしたか」

「心配かけました。あれからは落ちついていました」

その日から母は、三日間のショートステイに行っていたので、私は百合とふたりきりだった。

私は百合を食事に誘った。

百合は辞退したが、私も気分転換がしたかったので、強引に誘う。近所のファミレスでいっしょにビールを飲み、ほろ酔い気分で百合と別れた。

ところが、家に帰る途中で、私は自転車にぶつけられ、左足を打撲してしまった。夜、そのことを百合に連絡してみると、彼女はすぐ来てくれた。

「わざわざすみません」

「大丈夫？　痛みはどうですか」

「大丈夫です」

痛かったが、私は見栄を張った。

私はベッドに横になっていたが、百合が帰るというので起きあがろうとしたとたん、激痛で床に倒れてしまい、しばらく気を失っていたようだ。

気がつくと、ベッドの横に百合が座っていた。

「湿布を交換しておきました」

見ると、ズボンを脱がされ、下半身はパンツ一枚だった。私は顔を赤くしながら、お礼を述べた。

「私は介護の仕事をしていたので、気になさることはありませんよ」

百合は平気な顔で言った。

「それより今日、泊まってもいいですか。トイレとかも不便でしょう。夕飯は食べたんですか」

早口でそう言うと、百合はうどんを作ってくれた。

医者からもらった鎮痛剤を飲むと、私も落ちついてきて、お互いの身の上話などをしているうちに、いつの間にか眠ったらしい。

朝早く目を覚ますと、私の顔の横に百合の顔があった。百合はまだ眠っていた。よく見ると、愛らしい顔だ。小さな顔に小さな鼻、小さな口。目はぱっちりと大きいのに……。

私は体をよじって、その小さな口に自分の唇を重ねた。

百合はかすかに目を開けたが、抗《あらが》いはしなかった。

百合はほぼ毎日、家に来てくれた。

最初にキスしてから、一週間ほどたったころ。私は布団の中にいたが、百合が湿布の張りかえを終えたところで、私は百合を思いきって抱いてみた。百合に抵抗はなかった。

今度は百合のセーターを脱がせようとした。一瞬、百合は身を引いたが、自分からセーターを脱いだ。

セーターの下には白いヒートテックの下着を、そしてその下には、淡いピンクのブラジャーをつけていた。

百合は立ちあがり、ジーパンを脱いだ。ジーパンの下には、やはり淡いピンクのパンティーが見えた。

脱ぎ終わると、百合は体をまるめるようにして、私の布団に入ってきた。表情は硬く、十代の少女がはじめて男に抱かれるかのような恥じらいが感じられた。うしろからやさしく百合を抱きしめ、頬に口づけした。百合はじっとしていた。

「百合さん、私といっしょになってくれませんか」

私が告白すると、百合はコクリとうなずいたように見えた。

ブラジャーをとると、乳房はお椀《わん》を逆さにしたほどの大きさで、触れると、まだ少し硬さが残っていた。

久しぶりに触れた女体にも、私の愚息は沈黙していた。だが、こちらを向いた百合が、パンツの上から私の愚息に触れると、急に快感が私を襲い、愚息がグンと上を向いた。

「あらっ」

百合は小さな声をあげて、クスッと笑った。愚息を手で握りしめ、亀頭をチロチロ舐めはじめる。

結婚にも失敗し、母の介護に追われて、女性とのことなど望むべくもなかったのに、今こうして、百合に愛撫されていることが不思議だった。

私と百合がセックスするようになって、何回目のときだったか。百合からびっくりする話を打ち明けられた。

「町田さんのこと、おぼえてるでしょ？」

「もちろん。あの人にはお世話になったから」

「町田さんが、今度三人で会って、お食事でもしたいって言ってるんですけど」

「かまわないよ」

「で、安村さんに告白するんですけど、私と町田さんはすごく仲がよくて、たまにお互いの家に、お泊まりとかするんです」

ニュアンス的に、ただ泊まる、ということではないらしい。仲がよいとは、ただならぬ仲、という意味らしかった。

「で、食事のあとに、町田さんもこの家に遊びに来てもいいですか」

「え、ええ、いいよ。なにか飲み物でも用意するよ」

三日後、三人で新宿《しんじゅく》の焼肉屋でたっぷり食べて飲んだ。そのあと、私の家に移動して飲みなおすと、私は不覚にも寝入ってしまった。

どれくらい寝ていたのか、ピチャピチャという音で目を覚ますと、百合と町田さんが裸で抱き合っている。

一瞬なんだかわからなかったが、これが百合の言っていたことだ。

「安村さんも、こっちへ来て」

私が目を覚ましたのに気づいた町田さんの声だ。

ふたりのトロンとした表情が、薄明かりの中に見える。どうやら夜明けが近いのだ。

ふたりはシックスナインのかたちになって、お互いのマ×コを舐め合っている。私はしばらく、呆然と見ていた。

ふたりのあえぎ声が高まっていく。

「アン、アン、アン」

共鳴している。当然、私のモノはいきりたっている。

「安村さん、入れて」

私は百合の上に乗っている町田さんのうしろにまわり、ビショビショになっている町田さんのマ×コに挿入した。挿入した私の竿《さお》の裏側を、百合の舌が這《は》いまわる。これはたまらん。数秒も持たず、精を出してしまった。

これがくんずほぐれずというものか。百合と町田さんは入れかわり立ちかわり私に挑んできて、精も根も尽きはてるまでしまくった。

数カ月後、町田さんは同僚の男性と結婚して山口県へ行ったと、百合から聞かされた。三人の経験は、あの夜かぎりのものだった。

それからしばらくして母が亡くなり、私は百合と結婚したのだが、百合は三年前に膵臓《すいぞう》ガンであっけなく死んでしまった。

混浴温泉の熟女

——東京都・会社員・五十一歳

一昨年、岐阜県内のある温泉旅館に、泊まったときの体験談だ。

温泉場では、どこの旅館も時間帯で男女の入浴を分けているものだが、その旅館は夜の十一時から早朝にかけて、その区切りがなかった。いわゆる混浴が可能なのである。旅館に行き、はじめてそのことを知った。

夏の日の晴れた空の下、明るい満月が輝く夜中の二時すぎ。こんな時間に入浴する女性もまさかいないだろうと、私は冷たい缶ビール持参で風呂に向かった。

大浴場はすべて露天風呂で、館内の入口から鉄階段を降りて外に出ていくことになる。

三つある露天風呂を交互にまわり、最後に入口わきの湯に浸《つ》かっていると、階段の上方に人影が見えた。

白の短いタオルを胸に当てながら、トントントンと跳ねるように降りてくる。

どうやら濃い湯気のせいで、向こうからは、こちらの姿が見えないらしい。その人影も温泉風呂に近づくにつれ、立ちのぼる湯気でさらにおぼろになった。

ほんの一瞬ではあったが、足取りや身の軽さ、そして髪と体のシルエットから、四十代くらいの女性であろうか。

女性は、私のいる露天とは反対側にある温泉風呂に入っていった。

しばらく様子を見ることにする。連れがあとから来るかもしれない。

いちおう、先客がいることを知らせるために、私は近くの洗い場で、わざと音を立てて体を洗いはじめた。

すると、私という先客がいることにやっと気づいたのか、女性の動きが止まった。

「月がきれいですよねぇ。これからしばらくすると、あっちに見えるお城に月が沈みこんでいくのを見ることができるんですよ」

気を遣って、こちらから声をかけてみる。

ちゃぷっと、湯を強く弾《はじ》く音が聞こえた。

まさか、先客に話しかけられるとは思いもしなかったのだろう。しかも、男の声である。

「ここの月が城に近づくと、照らされた天守閣の色が金色に輝くんです。これを温泉で見ることができるのは、たぶんこの時間のこの場所だけだと思います。じつは、お酒を持ちこんでいるのですが、いっしょにいかがですか」

思いきって続けると、

「そうなんですか。知らなかったです。ほんとにきれいに輝いてますね。お酒なんて、風流ですね」

年相応の落ちついた声が応じてきた。

「でも、あの……いっしょにというのは、ちょっと恥ずかしいです」

当たり前の返答だろう。見ず知らずの男性の視線にさらされるのは間違いない。

「そうですよね。でも、せっかくなので、冷えた缶ビールをここの石の上に置いておきますから、ぜひ飲んでください」

私はそう言い残して、ざぶざぶともうひとつの露天風呂へ移動した。

しばらくして、湯の面を揺らす上品な音がして、私が前に入っていた湯に近づいてゆくのがわかった。

「では、お言葉に甘えさせていただきます」

という声に続いて、

「ああ、おいしいです。こんなふうに温泉でお酒を飲めるなんて、なんだか幸せですね」

女性のやさしい声。

期待どおりの反応に気をよくした私は、調子に乗って再び話しかけた。

「ここには、おひとりでいらっしゃってるんですか」

「いえ、母と来ています。母の体の具合があまりよくなくて。各地の温泉をいろいろまわって湯治をしてるんです。そちらは？」

「私はひとりです。仕事を辞めたばかりなんですが、これまでずっと働きづめだったんで、しばらくのんびりしようと温泉めぐりをしてるんですよ」

相手の顔が見えないぶん、お互い饒舌《じようぜつ》に語れる。

聞けば、彼女の名は由美子《ゆみこ》、四十二歳のバツイチで子どもはなく、今は母親と東京でふたり暮らしだそうだ。

スーパーでパートをしているが、母親のつきそいで温泉に浸かるのが楽しみだという。

だが、こうして会話をしていても、顔が見えないのはやはり寂しい。どんな体つきをしているかよりも、顔が気になるものだ。

背後から聞こえる声音では、若い女にはない、世の中を知った様子が表れている。

私はそろそろのぼせてきたので、思いきって誘ってみた。

「由美子さん、せっかくこうしてお会いできたんで、よかったら部屋でもう少し飲みながら話しませんか」

反応がない。考えているのだろう。

沈黙に耐えられなくなった私は、こう切り出した。

「そろそろのぼせてきたので、お先に上がります。もしよければ、私の部屋は三〇二号室なので」

ザブザブと音を立ててお湯から上がると、背後に視線を感じながら、体を拭いた。

「では、待っていますから」

明るくひとこと残して風呂場をあとにする。まあ、来なければ縁がなかったということで、諦めよう。

部屋に戻って一時間ほど経ったが、扉がたたかれることはなかった。喉が渇いたので、自動販売機で飲み物を買おうと部屋の外に出る。すると、人影があった。目が合う。浴衣をまとった女性だ。直感で、由美子さんだとわかった。

引っつめにした髪が艶やかで、つるつるした卵形の顔に薄っすらと化粧を施している。

美人とまではいかないが、上品で清楚《せいそ》なオーラが滲《にじ》み出ていた。あまり浴衣を着なれていないのだろう。肩あたりの緩みから鎖骨がのぞいている。

「あのぉ、由美子さん?」

私が訊《たず》ねると、コックリうなずく。

「せっかくこうして出会えたのもなにかの縁でしょうから、ぜひごいっしょに」

しっかりと相手の目を見て、逡巡《しゅんじゅん》を与えないよう誘う。

由美子さんが恥ずかしそうな笑みを浮かべ、こちらに歩いてきた。

「お邪魔しますね」

扉を開けて待っている私の前を通りすぎるとき、石鹸《せっけん》の香りがふわりと漂ってきた。彼女の真っ白なうなじに玉の汗がツウと流れている。やはり緊張しているのだろう。

完全に入室すると、私はうしろ手で鍵をかけた。もうこれであと戻りはできない。そうすると、先ほどのドキドキとは異なる気持ちが私の心を占めはじめる。

「どうぞ、座布団のあるところに座って」

部屋の中で立ち止まる由美子さんに声をかけた。

部屋は八畳で、窓ぎわにはすでに布団が敷いてある。その手前にテーブルがあり、私の飲みかけのグラスがカランと氷の音を立てた。

「あら。梅酒、飲んでるんですね」

「ええ。年を経るにしたがって、だんだん強いお酒が飲めなくなってきて。今は、梅酒がいちばんおいしく感じるんですよ」

彼女の表情がパッと明るくなった。

「私も梅酒、好きなんです。おいしいですよね」

すかさず空いたグラスに氷を入れ、ロックで梅酒を半分まで注いだグラスを彼女の前に置く。

「どうぞ。いやあ、うれしいなあ。梅酒を飲んでくれる仲間がこんなところにいるなんて……」

差し向かいで座り、まじまじと顔を見る。不美人の部類に入るだろうか。だが、女性は顔の善し悪しだけではない。物腰や立ち居ふるまい、肌の色や髪質などを総合的に判断して、自分の好みに合うかどうかである。つまり、自分にとってセックスアピールのある相手かどうかということだ。

そういう意味では、彼女はかなりそそられた。肌の白さや黒髪の艶やかさはもとより、仕草や言葉の響きまでが、私の股間をビンビン刺激してくる。こうして言葉を交わすだけでも、震えがくるほど魅力的だった。

「由美子さんは、なにをしているときがいちばん楽しいですか。僕は、楽器を手作りするのに凝っていて、それがいちばん楽しいんですよ」

「え、楽器。そんなの作れるんですか」

びっくりした顔で聞いてくる彼女に、私は作りたてのものを差し出した。

「これ、簡単なんですけど、木琴です。百円ショップの材料とホームセンターの丸木棒で作りました。よかったら、たたいてみて」

彼女は笑みを浮かべながら、そっと私の手から木琴とバチをとると、軽くたたいた。

コン、コン、キン。

「うわ、ほんとに木琴の音がする。すごーい」

子どものような反応をする彼女を見て、ドキッとした。あんなに淑《しと》やかなふるまいをしていた彼女が、はしゃぐ姿は新鮮だ。

「ほかにもカリンバやマンドリンなんかも作ったよ」

「すごーい」

目がキラキラとしだす。大変な喜びようだ。

「ところで、由美子さんのほうは？」

「私なんか、これといって、力を入れているものなんかないです。しいて言えば、絵を描くことかな。水彩画を描いているときが、いちばん楽しいの」

ひとしきり楽器や絵の話で盛りあがり、ふたりともにお酒が進む。梅酒のボトルを空けたところで、空が白みはじめた。

「丸山さんはぁ、楽しひ人れすね。あれ、なんか言葉がおかしい」

彼女はろれつがまわらなくなってきている。浴衣も緩んで、左の肩先からずり落ちそうだ。ちらっとテーブルの下に目をやると、浴衣の合わせから白い太ももが露《あらわ》になっていた。

「ろれつがまわってないですよ。大丈夫ですか」

思いきって、彼女の隣へと移動を試みた。

「平気れすよ。れも、かなり飲んじゃったかな」

鼻が触れ合うほど顔を寄せたが、彼女はピンクに色づいた頬をただただ緩ませている。

酔った勢いもあって、薄桃色に染まった彼女の首もとに我慢できなくなった私は、彼女の浴衣の中にそっと手を忍ばせた。ブラはしていないので、柔らかな麓の柔肌から、すっと下のふくらみに手を滑りこませる。

彼女は首を前に折り曲げて、苦悶《くもん》と困惑の表情を浮かべたが、抗《あらが》う様子はない。手を進めていくと、指先にぴょっこりと乳先の感触が……人さし指と中指をV字にして乳首を挟みこみ、グッと小山をつかみこむ。

「ん、んっ……」

彼女は眉を顰《ひそ》めて呻《うめ》き、両腕をぎゅっと体に寄せた。

乱れた浴衣の胸もとから、外向きの乳頭がピンと迫り出している。

人さし指をカギ状にして、軽く撫であげた。

「あん、はぁん」

そのたびに、彼女はピクンピクンと体を上下させる。半開きの口から出る湿っぽい息が、私の頬を撫でさすった。

「あん、だめん。恥ずかしい」

乳首を見つめられていることに気づいた彼女が、私の体を自分に引きよせようとする。

太ももにからみついている浴衣をまくりあげると、純白のショーツから、すらりとした足が伸びている。その足首を持って、私は自分の肩に彼女の両脚を乗せた。

「あぁ、だめっ」

艶っぽい声をあげるものだから、さらに興奮した私は股間に顔を押しつけ、しっとり潤ったショーツに舌を伸ばして、粘っこい染みをさらに潤してやる。

朝日が部屋を照らしはじめた。

「もう、朝になっちゃう」

そう言うと、彼女は身をよじって私から逃げようとする。ここまできて、ことに至らないのでは、たまったものではない。

ショーツをつるりと抜き去り、横にある布団の上に彼女を腹ばいに寝かせた。覆われた浴衣をまくりあげると、真っ白で小ぶりな尻がまる出しになる。

「あっ、いやっ」

左右に震わせる桃尻の秘所に向けて反り勃《た》った陽根の先をあてがい、腰をグイッと前に進めた。

「あっ」

にゅるんと、一気に吸いこまれてゆく。

布団にうつ伏せになった彼女の横顔が視界に入った。ほつれた髪が汗ばんだ額に張りついている。

その苦悶の表情に、なおいっそう私の股間が熱く脈打つ。おへその裏を突くようにして、ばちんぱちんと腰を双尻にたたきつけた。亀頭がピンポン玉のようにはりつめているのが、膣襞のからまり具合からわかる。

うねる膣壁に、すぐ射精へと追いこまれていった。沸騰した精液が、すごい勢いで駆けあがってくる。射出の瞬間、引き抜いて、浴衣の背中にドドッと放出した。

翌朝、帰りが同じ時間になったようで、カウンターでは由美子さんと母親がチェックアウトを済ませたところだった。

彼女が私に気づいて軽く会釈をしてきた。それに応えて頭を下げると、母親は怪訝《けげん》な表情を浮かべながらも会釈を返した。

いやはや、旅の恥はかき捨てとは、よく言ったものである。

女社長の性接待

——兵庫県・無職・七十四歳

古い話で恐縮だが、四十年ほど前、全国総合開発計画《ぜんこくそうごうかいはつけいかく》が決定し、国内全域で高速道路、新幹線などの建設工事が大々的に始まった。

使用される建設資材は莫大な量である。私が在職していた会社は、鋼材を加工して工事現場へ納入していたので大いに忙しくなった。

ただ、鋼材は加工すると搬送するのに積載率が悪くなり、コストアップになるので、工事現場近くで加工したほうが有利になる。そのため、各県に協力会社を置いたが、福井県内のある会社は、職人を増員までして我が社に対応してくれた。

社長は当時四十代後半、地元ではやり手で通っていた。そして社長の奥さんは、元ミス○○だったというだけあって、飛びっきりの美人。経理担当として社長を支えていた。

はじめて会ったときは濃いグレーのスラックスにチェックの上衣《うわぎ》を着て、髪をうしろでまるめて小さなカチューシャをつけていた。

真っ白なうなじのあたりがなんとも色っぽいので、最初はドギマギしてしまったのを覚えている。

委託業務は加工用の鋼材をこちらから支給して加工費を支払う方式で、加工量は月間五百トンから七百トン。支給鋼材は事前に運びこんで預けるので、半期ごとに適正に管理されているか、確認に出かけることになる。

工期は十年以上続く計画だったが、なんと開始後三年目に社長が事故で亡くなってしまった。

職人たちはそのまま残っているので、とりあえず奥さんが跡を継いだのだが、やり手の社長が亡くなったので営業力が急低下。地元受注の仕事が減ってくる。

そのうちに我が社以外の仕事がほとんどなくなり、奥さんは工場の職人を抱えて途方に暮れた。

そんなある日、私が鋼材の在庫検査に行くと、ぜひ相談に乗ってほしいと食事に招待された。

とは言え、顔が広い社長夫人のこと。地元ではまずいということで、彼女が運転する車で福井市内まで行った。

高級料亭ほどの店ではないもの、こぎれいな店で和室の個室だ。

食事をしながら、会社の状況や世間の動きなどの情報交換をする。

私は酒が好物。自分も飲みながら、奥さんにも勧めると断らず飲んでいる。運転代行を呼ぶつもりなのだろう。

少し酒がまわってきたころ、仕事をもっと増やしてもらえないかと陳情された。

しかし、そう簡単には引き受けられない。近県の協力会社にも均等に振り分ける方針を伝えたが、奥さんも必死。悲壮な表情で懇願してくる。

涙目で首をかしげ、今にもすがりついてきそうな目で、じっと私を見つめている。

先にも述べたように奥さんは、四十代後半とはいえ、元ミス○○に選ばれた、すこぶるつきの美人。そんな熟女の醸し出す色香と言ったら……。

いかん。思わず、理性がぐらつきはじめた。

それを感じたのか、奥さんが傍らに移動してきた。私の膝に手を置き、上目遣いに再び懇願してくる。

当時の私はまだ三十二歳、元気元気の年代だ。いつしか股間が反応しはじめた。

この仕事は、私がある程度差配できる立場だ。ならば、ほかの業者に出すぶんを少しまわしてやるか……。

「じゃあ、少し増やすよう考えてみますよ」

「え、本当ですか。ありがとうございます」

奥さんは私の手を握り、顔をパッとほころばせた。

もう止まらない。奥さんの唇に唇を重ねると、相手もそのつもりだったようで、いやがる様子はない。

唇を重ねたまま、服の上から胸に手を這《は》わせてゆく。手のひらにピッタリと収まる、ほどよい大きさだ。

しばらくして唇を離すと、

「今日は泊って行ってもいいんです」

放心したような顔で、奥さんが言う。

据え膳食わぬは男の恥。もちろん、こちらも大歓迎だ。食事は、そこそこに切りあげる。

もともと宿泊先は先に頼んであったので、奥さんの案内でホテルに向かう。

部屋に入ると、いそいそと風呂に湯を入れたり、服を脱がせてくれるなど、大サービス。

私がパンツだけになると、奥さんもブラジャーとパンティーだけになり、抱きついてきた。

前社長が亡くなってから空閨《くうけい》だったせいか、どことなくうれしそうである。

「私に脱がさせて」

と言うなり、私のパンツに手をかけてスルッと引き下ろした。とたんにバネじかけのようにチ×ポが飛び出し、奥さんの顔の前で、ブルンと震える。

「まあ、すごい。若いのねぇ」

満面の笑顔でチ×ポを握りしめた。

「じゃ、僕も脱がさせて」

ならばと、奥さんのパンティーに手をかけようとすると、わきから陰毛が少しはみ出している。

こんな美人の陰毛はどんなんだろう……。

ワクワクしながら脱がせると、つやのある漆黒の剛毛がもじゃもじゃと生い茂っていた。

続いてブラジャーをはずす。四十後半だと聞いていたが、真っ白な美乳。まったく垂れてなく、薄茶色の乳首がツンと立っていた。

そのままいっしょに浴室に入ったが、早く抱きたくてしょうがない。簡単に洗い、すぐに上がる。

抱き合ってベッドに倒れこみ、キスをしながら乳房をまさぐる。

「ああっ、ああっ」

奥さんは、もう乱れはじめる。

指先を股間に這わせてゆくと、すでに洪水状態だ。

仕事の受注のための人身御供として、しぶしぶ我が身を投げ出したと思っていたが、どうやらそれだけではないらしい。

中指と薬指でビラビラを左右に開き、その両側をソフトに撫でまわす。

「ああっ、ああっ、いいっ、気持ちいいいっ」

奥さんが腰を浮かせて喘いだ。

正直、私は自分がそんなに性技にたけているとは思っていない。なのに、この喘ぎようには驚いた。これも彼女のサービス精神のなせる技か。

指を少し上にずらし、クリトリスをさする。

奥さんの声が「ああっ、ああっ」から「あっぐっ、あっぐっ」に変化した。

膣口に中指を滑りこませると、スルッと入った。

「ああっ、いいっ、いいっ。もう入れてぇ」

奥さんの哀願に応えてすぐに重なり、両足をM字に開くと、ビンビンのチ×ポをヌルッと差しこむ。

「ああん、いいっ。大きいのが入ってきた」

美しい顔に眉根を寄せた奥さんの声とともに、温かいやわ肉がチ×ポをキュッと締めつけてきた。

うっ、気持ちいいっ。

あまり激しく腰を使うとすぐに暴発しそうなので、結合部をゆっくりとローリング。

陰毛のあたりをクリトリスにわざとゆっくりこすりつけてゆく。

「ああん、いいっ、気持ちいいっ。イッちゃいそう」

ここぞとばかりに抜き差しを開始。

「イッ、イグゥ。気持ちいいっ、あ、あ、あぁ」

叫びながら腰を突きあげてくる奥さんに、私も限界だ。

「うぅっ、あっ」

チ×ポの先がビクンビクンと波打ち、ドッドッドと放出してしまった。しばらく重なったままでいたが、ゆっくりと体を離し、奥さんの横にゴロンと寝転ぶ。

「本当に久しぶりだったから、つい乱れてしまって、恥ずかしいわ」

天井を向いたまま、奥さんが消え入りそうな声で感想を述べた。

「社長、僕もすごく気持ちよかったですよ。最高です」

「あのぅ……人前ではそれでいいんですけど、こんなところで社長はやめて」

「あ、わかりました」

では、どう呼べばいいのか……名刺に「弥生《やよい》」とあったのを思い出し、

「弥生さん！」

叫んで、抱きついてゆく。

「うれしい！」

奥さんも抱き返してくる。

しばらく抱き合ったままでいるうちに、再びチ×ポが反応してきた。

それに気づいた弥生さんが、ニコッとして握りしめた。今度は弥生さんが積極的にリードしてくれる。熱いキッスから始まり、チ×ポをパックリ咥《くわ》えての激フェラ。裏スジのあたりをチロチロと舐められると、もうビンビンだ。

今度は体勢を入れかえて弥生さんが上になり、私の顔にまたがるかたちでシックスナインへと移った。目の前に割れ目、そしてその先に茶褐色の菊門が見える。

赤黒い割れ目を両手で開き、陰毛の間に見え隠れしている突起物を舌先でツンツンとつついてみる。

「あん」

弥生さんが声を漏らした瞬間、咥えられていたチ×ポが抜け落ちた。

「んぐ、んぐっ」

あわてて弥生さんが再び咥えなおす。

負けじと私も舌先の動きを速めてゆく。

「あっ、ああっ」

そのうちに達したと見え、弥生さんはひと声大きく叫ぶと、私の上から横へ崩れ落ちた。荒い息を吐き、放心状態のようである。

添い寝のかたちに移り、乳首を舐めてみると、全身をピクッと震わせて「お願い、入れて」と哀願した。

「なにをどこに？」

「チ×ポをオメコに……」

美熟女の口から卑猥《ひわい》な言葉を聞くのは、癖になりそうなほどそそられる。

「あっ、待って。今度は私が上になるわ」

重なろうとした私を制して自らまたがると、チ×ポに手を添えてズルッと自分の中にはめこんだ。

目を閉じ、上を向いて腰を動かしながら、いちばん感じるところを探しているようだ。そして突然、腰を使いだしたかと思うと、少しすると動きを止め、

「ふうっ」

また思いだしたように動きはじめる。

「弥生さん、僕、もう出そうだよ」

私が下から声をかけたとたん、弥生さんの腰の動きが激しくなった。

「イッ、イクッ、ああ、いっしょにイッてぇ」

「ああっ、で、出るっ」

背中にまわし合った互いの手にグッと力が入り、脳天に火花が散った瞬間、ドドッと熱いマグマを噴きあげてゆく。

「あぁ……」

弥生さんの全身から力が抜け落ちる。

そのまま余韻に浸っていたが、いつの間にか眠っていたようだ。目が覚めると弥生さんの姿はなく、テーブルの上にメモがあった。

——久しぶりの行為でうれしかったです。ありがとうございました。これからもよろしくお願いします。

人目を避け、夜明け前に帰っていったようである。

半年後、再び訪問したが、社員の手前なにくわぬ顔で仕事を進め、終わりかけに社長が目で合図をしてきた。

「お食事の用意をしてますので、ごいっしょします」

前回と同じ店に行き、酒を飲みながら歓談したあと、

「今日も泊っていってもいいんですが……」

弥生さんの言葉に、また前回のホテルに向かう。

いっしょに風呂に入ると、前回とどこか違っている。なんと、陰毛の量が少なくなっていたのだ。

「弥生さん　ここ、どうしたの？」

「多すぎて恥ずかしかったから、手入れしたんです」

なるほど。だから、割れ目もクリトリスもよく見えているのだ。

風呂から上がり、ベッドへ移る。前回、互いに陰部から肛門まで全部見せ合っているから、遠慮はいらない。

弥生さんは積極的で、すぐにチ×ポを咥えてきた。微妙な舌の動きが心地よい。

交代してクリ舐めをしたあと、重なってズブリと奥まで挿入。そして、ドドッと歓喜の大放出。

「弥生さん、私と体の関係を持つことになったのを後悔していませんか？」

思いきって訊《き》いてみた。

「もちろん後悔はしてません。仕事も欲しかったんですが、それ以上にセックスがしたかったから……」

弥生さんは恥ずかしそうに答えてくれた。

そのあと、再度放出してスッキリしたので、そのまま寝入ってしまった。

以来、出張のたびに接待を受けたが、あるとき、終わったあとで、弥生さんが、

「また半年待たないといけないの？」

とつぶやいた。

ぼちぼち工事自体が終わりに近づき、仕事量が減ってきている。そっちのほうが問題だ。

「あと何年かで工事は終わるから、会社の今後を考えておいたほうがいいよ」

そう答えたが、彼女はそれには触れず、

「仕事以外のときは、逢《あ》えないの？」

さみしそうに言う。

そこで、滋賀県の彦根《ひこね》で落ち合ったが、まわりにバレそうになり、結局、その一回だけだった。

数年後、工事の終わりとともに、弥生さんとの縁は切れてしまった。

ある女子大生の秘密

――兵庫県・無職・七十三歳

大学に入学してまもなくのことだった。高校時代のクラスメート・麻由子《まゆこ》から他大学の一年生の美知子《みちこ》さんを紹介された。中肉中背のまじめそうな才女だ。

つき合いはじめて三カ月くらいたったころ、ダンスホールの帰りに大通りからはずれたところにあるラブホテルに彼女を連れこんだ。

フロントでカギを受け取り、部屋の入口にあるランプが点滅する部屋に入ると、室内は赤色を多用したけばけばしい空間になっていた。

部屋の中央にはダブルベッドがドンと置いてあり、そのわきに小さな応接セットが椅子を向かい合わせにして置いてあった。

ベッドの上の棚にはチリ紙とコンドーム。まさにセックスをするためだけの空間である。

僕たちは小さな応接セットの上に服を脱ぎちらし、バスルームに入った。

じゃれ合いながら、ダンスでかいた汗を洗い流し、僕が先に湯船に入った。続いて黒々とした恥毛の下の赤黒いオマ×コをあらわに美知子さんが浴槽の縁を跨《また》いで入ってきた。

湯船の中では向かい合って座り、しっかりと抱き合ってキスを繰り返した。

洗い場では、僕が美知子さんに洗ってもらったあと、今度は彼女をうしろ向きにしてうなじから背中、腰をタオルで擦《こす》り、続いて肉好きのよい腰のあたりを入念に擦っていると、

「う、うぅっ」

彼女がとつぜん体を引きつらせたと同時に、ジャーッと尿の出る音。

「ど、どうしたの」

驚いて尋ねると、

「気持ちよくてイッちゃったの……」

彼女が恥ずかしそうに答えた。

「……え？」

僕は驚いた。まだオマ×コにチ×ポも入れていないのに、彼女はイッてしまったのである。こんなことは今まで読んだ、どのエロ本にも書いていなかった。

才女には助平が多いというが、頭の回転が速いぶん、妄想も頭の中を速く駆けめぐるのだろうか。それにしても、なんと感度がいいのだろうかと思った。

バスルームを出て、ベッドルームに向かうと、先に出た美知子さんがバスタオル一枚の姿でベッドの上で仰向けに寝転がり、僕を待っていてくれた。

バスタオルをはぎ取ると、真っ白な裸体が薄暗い光に照らし出された。

胸の双丘、腰のライン、お尻のラインが、たおやかで艶《なま》めかしい。

まだ童貞だった僕がエロ本で読んだとおりにペニスに指を添えてオマ×コめがけて腰をぐいと突き出すと、チ×ポがオマ×コに吸いこまれるようにして、ズボッと奥まで入った。

生ぬるく潤った花壷はすごく気持ちがいい。抜けないようにゆっくりと抜き差しをはじめる。

「あ、あぁぁ」

美知子さんがあえぎ声を漏らしはじめた。

自然に僕の腰の動きが速くなった。膣壁を刺激しながら、僕の勃起がぶじゅぶじゅと音を立てて激しく出入する。温かい快感がチ×ポの根元から湧きあがってきた。

「うう、出るっ」

叫びながら、精液をどくどくと花壺の奥へ放出し、僕は果てた。

「あ、ああん」

同時に美知子さんの体が仰《の》け反り、僕の首にまわしていた腕に力が入った。

彼女もイッたようだ。まあ初体験にしては上出来だろう。

静寂の中で、僕たちは余韻を楽しみながらキスを繰り返した。無事に童貞を卒業し、ほっとしたのを覚えている。

「痛くなかった？」

「ううん、気持ちよかった」

うれしそうに言った。

彼女がチリ紙を取り、オマ×コを丁寧に拭き終わった。そして、才女にそぐわないことを話しはじめた。

「でも、この話は、紹介してくれた麻由子には内緒にしててね。じつは私、異常な体験をしてから、とてもエッチになっちゃったの」

チラッと僕を見あげてから、彼女は続ける。

「私、子供のころから休みにはいつも伯父の家に遊びに行ってたのよ。でも中学三年の春休み、真夜中に目を覚ましたら、伯父夫婦の寝ている部屋から伯母さんの泣く声が聞こえてきたの。お願い、もう許して．いじめないで、って……」

「へえ、夫婦げんかでもしてたのかな？」

「それが違うの。扉の隙間から中をのぞいたら、伯母さんが体を荒縄で縛られてて、長い髪をつかまれて、伯父さんの股間に頭を持っていかれてたの……」

「へえ、伯父さんと伯母さんにはＳＭの趣味があったのか」

「そうみたいなの。で、とたんに頭にカッと血が昇り、あそこがギュッって締まって……部屋に戻って布団に入ったんだけど、興奮が冷めずに、思わず手をパンティーの中に入れてオナッてしまったの。恥ずかしい話だけど、それから変態になっちゃったのかと思うほど、異常なほど性に興味を持ちはじめて……」

「そんなの垣間見たら、スケベになるか、反対に性に嫌悪感を持つか、どっちかだろうね」

「オナニーは毎晩だったし、このままいったら、私どうかなっちゃうんじゃないかって悩んだわよ」

「で、初体験は？」

「高二の夏、部活の先輩と……」

「どうだった」

「全身が性感帯になったみたいで、あそこを触られただけで全身に震えが来て」

「イッちゃったの？」

「うん。だって、自分で触るよりずっと気持ちがよかったんだもの」

「確かに僕だって自分でチ×ポ触るより、触られたほうが気持ちよさそうだよ」

僕は美知子さんの手を取り、自分の股間に導いた。

「え、また大きくなってる」

「君の秘密を聞いたからかな」

「恥ずかしいわ。絶対に麻由子には言わないでね」

「わかってる。君と僕だけの秘密にしておく」

心の中でよほど苦しんだのだろう、すべてを話し終えてさっぱりしたようだ。

「わかった。もし君にエッチモードのスイッチが入ったら、僕が解消してやるよ」

「ありがとう。でも、どちらかにそんな本当の恋人ができたら、この関係は終わりにしましょう」

「じゃ、もう一回、しようか」

「うん。今度はタオルで私の両手をしばってしてくれる？」

僕は彼女に言われたとおり、タオルで両手をしばり、四つん這《ば》いにさせてから、彼女の尻に乗りかかっていった。

そのあと、美知子さんに他大学のスケート部の恋人ができて、ふたりの関係は一年ほどで終わった。

美人姉妹の裸身

鹿児島県・自営業・六十九歳

大学生活も、残り半年で終わるころだった。二年の春からアルバイトしていたマーケティングの会社で、そのまま就職させてもらうことになり、面接試験で息づまる生活を送っている、ほかの学生たちを横目に、私は最後の学生生活を楽しんでいた。

恋人と言える女性も、そのときどきでいなくはなかったが、なぜか数回セックスして、女性のほうから離れてゆくというケースが多かった。

つまり私がフラれたのだが、その理由を訊《き》くのは惨めっぽくなるからいやだった。バイト先の先輩に連れていかれた渋いスタンダード・ジャズを流しているスナックが気に入り、廉価だったこともあってボトルをキープしつづけ、週に二度くらい通うようになった。

カウンターで隣合わせになった連中と、他愛もない話で盛りあがり、最終電車に乗り遅れて、近所の公園で朝まで飲み明かし、早朝から開いている銭湯でアルコールを抜いて、そのままアルバイトに出たり、意気投合した女性の部屋に誘われてセックスしたことも何度かあった。

このころになると、親からの仕送りがなくても、単位もほとんど取っていたので、アルバイトもフルタイムでできるようになり、バイト料も驚くほど増えたので、毎晩のように飲みに行った。

私の人生を振り返ってみて、最も充実して、最も楽しく想い出せる時代であった。

夏のはじめ、美穂《みほ》という女性が常連になった。沖縄から出てきて、近くの喫茶店でバイトしているという。

美穂は私より三歳年上。ブロンドに染めたストレートヘアで、いつも潤んでいるような瞳と濡れたような唇がセクシーだった。

沖縄でジャズ好きの友人から、この店の話を聞いてきたと言った。

彼女は、週に二度ほど、この店に顔を出し、やがて彼女もボトルをキープするようになった。

「私、大阪はこのお店しか知らないの。どこか連れていって」

ある日、美穂が言ったので、私はいつものように冗談まじりで返した。

「その一、俺の行きつけの焼鳥屋、その二、俺の先輩が入りびたってるゲイバー、その三、ラブホテル、その四、俺の部屋、その五、あなたの部屋」

「ゲイバーっておもしろそう。でも、無難に焼鳥屋がいいかな?」

美穂が笑った。

「いいよ。行こう」

店を出て、ときどき行く焼鳥屋に入る。

その焼鳥屋では、日本酒の小瓶を瓶ごと凍らせた冷凍酒があって、マドラーで小突いて砕き、お猪口《ちょこ》に注いで呑む、私のお気に入りだった。

「おいしいわ。はじめて飲んだ」

美穂も気に入ったようだった。

いつもの濡れたような唇が酒に濡れ、いっそう艶やかに光った。

「口当たりがよくて甘く感じるから、つい早飲みすると、すぐ酔うぜ」

下心が湧いてはいたが、初心《うぶ》な女性を酔わせてどうこうする趣味はない。

以前、同じゼミの女の子を連れて飲みに来て、そんなに弱くはないタイプだったのに、帰る途中で吐いたことがあった。

酔いつぶれた彼女を私の部屋に連れて帰ってセックスしたが、ずっと眠っているような、ほとんど無反応な状態だったので、途中で飽きてしまったのだった。

「あら、私が酔ったほうがいいんじゃないの?」

いつも潤んでいるような美穂の瞳が、妖しく光った。

「酔いつぶれた女なんて、抱く気がしねえよ」

「そう。まじめなのね。いえ、逆にエッチなのかも」

抱くという言葉を聞いても、美穂は表情を変えなかった。

こういう会話になれているのか、それともすでに成りゆきでこのまま、と期待していいのか。

「沖縄の話を聞かせてくれよ。俺、老後は南の島で暮らしたいんだ」

「へえ、そうなの。私とご近所になれたらいいわね」

いっしょに暮らすとは言わず、ご近所になれたらと言った。

恋愛感情は、まだなさそうだった。

いや、これからだ。

私は、しばらく沖縄を語る美穂に相槌《あいづち》を打ちながら、美穂の表情を窺《うかが》った。

美穂が、話しの合間に深呼吸をするようになった。

洋服の上からでもその豊かさがわかる乳房が大きく起伏する。

「やっぱ、酔ってきたな。そろそろ」

「うん。これからどうする?」

「そうだな。さっきの、その三、四、五、憶《おぼ》えてるか?」

「憶えてる。そうね。ラブホテルはお金かかるし、明日、朝からバイトだから着がえに帰りたい。その五、がいいかな」

やった。オーケーだ。

会計を済ませて外に出る。もう歩いている人はまばらだった。

美穂が少しふらつきながら、私の腕に腕をからめてきた。想像したとおりの乳房のふくらみが私の肘に触れる。

冗談まじりとは言え、最初に言い出した私のほうが緊張している。

美穂のアパートは阪急《はんきゅう》宝塚本線《たからづかほんせん》の岡町《おかまち》から十分ほどのところだった。

部屋に入る。

男の臭《にお》いはなさそうだった。しかし、美穂ひとりでもなさそうだ。

バスユニットつきの1DKで、奥に布団がふた組と洋服ダンス、DKには四人がけのダイニングテーブルと冷蔵庫、テレビとステレオ、本棚とレコードラック。

喫茶店でアルバイトしているわりには豊かな生活をしているようだった。

「誰かいっしょに住んでるのか？」

まさか、男ではあるまい。

ダイニングテーブルに腰を下ろす。

「妹の玲子《れいこ》、今ごろは彼氏とデートじゃない。そのうち帰ってくるわ」

え、妹がいるならセックスできないじゃないか。

「朝帰りするかも」

あるいは、妹が帰ってくるまでに済ませるか。

美穂とのセックスを想像して、ジーパンの中の男根は力を漲らせているのに。

「あの子のことは気にしなくていいわよ」

美穂はセックスの途中で玲子が帰ってきても、気にしないってことか。

美穂がレコードラックからジュリー・ロンドンのアルバムを取り出してかけた。

「あの子だって、私がいるのに、彼氏とここでするもの」

美穂は椅子には座らず、私の膝に跨《また》がって抱きついてきた。

抱いて美穂を見ると、瞳を閉じて濡れた唇を半開きにしていた。

唇を貪るように吸い、舌をそよがせると、美穂も私を抱いた腕に力をこめ、鼻を鳴らして舌をからませてきた。

妹が帰ってきたら、そのときはそのときだ。美穂が気にしないでいいと言ったのだ。セックスの真っ最中で、見られてもいい、ということだろう。

私は美穂のTシャツを脱がせ、ピンクのブラジャーをはずした。

豊かで張りのある乳房が弾《はじ》けるように飛び出して揺れた。色素沈着のほとんどない乳首が勃起している。

私は両手で乳房を揉みたてながら、顔を下げて乳首を吸い、舌先で弾き、転がした。

美穂が熱い喘ぎを洩《も》らしながら私のTシャツを脱がせる。

美穂のジーンズのミニスカートの裾から潜らせた指でショーツの中心をずらし、女陰に触れると、そこは滴りあふれた愛液にまみれていた。

ヌチャッ。

「ああん」

瞬間、美穂が体を震わせた。

指先に軽く力をこめただけで、二本の指が膣孔に吸いこまれてゆく。

「いい」

美穂が手探りで、私のジーパンのファスナーを下ろす。

私はいったん愛撫を中断し、美穂のミニスカートとショーツを脱がせ、自分もジーパンとパンツを脱いだ。

そのまま床に仰向けになり、美穂を逆向きに抱きあげる。すぐに勃起が美穂の熱い唇と舌の感触に襲われた。

乳首の色素沈着の薄さから、年上でも、セックスの経験が少ないのだろうと感じたが、巧みなフェラチオだった。

やはり、妖艶な美貌をしているだけのことはある。かなりの男性経験があるようだ。

美穂のしなやかな太ももを割りひろげる。

体毛は薄いのに、恥毛の叢《くさむら》がおびただしく生え茂り、鮮やかな肉色の膣粘膜をのぞかせる女陰とセピア色のひくつく肛孔の周辺を8の字に囲んでいた。

女陰の頂上でピンク色のクリトリスが愛撫を待って勃起していた。

美穂の女陰が私の口の中で蕩《とろ》け、滴った愛液が口を潤す。

女陰の襞《ひだ》を舌でなぞりあげ、クリトリスを舌で弾き、襞を強く吸いたててクリトリスをついばむ。

勃起を愛撫している美穂がしばしば口を離して熱く喘ぐようになった。

しかし、私のほうも、勃起の奥底に射精感が生まれる。年上であろうが、経験豊富であろうが、はじめてセックスする女性に対して、女性にオーガスムを極めさせるより先に射精するのは本意ではない。

腹に触れる豊かな乳房を両手で揉みたてながら、なおも愛液が滴りあふれる美穂の女性器を口に含んで吸いたて、舌で女陰の襞をなぞりあげ、指先でクリトリスをこそぎ、揉みこむ。

ブチュッ。ヌチャッ。ムチュッ。グチャッ。

美穂の口もとと私の口もとから、淫猥《いんわい》な音が鳴る。

「むうん、ふうむ」

美穂が私の勃起を口に含んだまま、くぐもった快感の呻《うめ》きをあげる。

女陰の襞が柔らかく蕩け、口を開けた膣孔に二本の指を挿入してクリトリスの裏側の、柔らかな窪《くぼ》をしゃくりあげる。

「い、いやっ、な、なにっ？」

美穂が快感に、はじめて勃起から口を離し、怯《おび》えた喘ぎを洩らした。

私の愛撫から逃れようと、私の上から降りて仰向けになった。

私は美穂を抱きしめて片方の太ももを抱き、すぐに膣孔に指をめりこませる。

なおもしゃくりあげると、膣内がおびただしい愛液であふれ、粘り気のある濁音が水音のような濁音に変わった。

ヌチャッ、グチュッ、ジュブッ、ブチュッ。

美穂の裸身が痙攣《けいれん》を起こしはじめる。膣粘膜が一瞬弛緩《しかん》した。

「い、いやっ、な、なにかっ、で、出るっ。イ、イクッ、イクイクッ、イクイクッ」

私が指をしゃくりあげるたびに、美穂の尿孔からおびただしい愛液が間歇泉《かんけつせん》のように噴き出し、恥毛の叢から両膝あたりまで飛沫《しぶ》いた。

ブチュッ、グシュッ。

美穂が裸身を痙攣させ、そのたびに尿孔から愛液が噴き出す。

「いやっ、まだ出るっ。イ、イクッ。イクイクッ」

美穂が無意識に私の勃起を強く握りしめたまま、裸身を反らす。

指のしゃくりを止める。

それでもまだ続く裸身の痙攣に合わせて、尿孔から愛液が噴き出す。

すぐに美穂が意識を失って、ぐったりした。

私は美穂に覆いかぶさって半開きの唇を塞ぎ、私の口にためた愛液を流しこんだ。

意識を取り戻した美穂が喉を鳴らして飲みこむ。

「お、おしっこ？」

「たぶん、違う。味もしないだろ？」

「ああ、死ぬかと想った。はじめてよ、こんなの」

美穂が私の勃起を握り、ひねりあげた。

「痛っ」

「私ばっかりで、恥ずかしい。あなたもイッて」

美穂が私の太ももの間に美貌を埋《うず》め、再びフェラチオをはじめた。今度は射精してもいいだろう。

私は美穂の乳房を軽く愛撫しながら、巧みなフェラチオを満喫して、美穂の口の中におびただしい精液を噴出させた。

美穂の口を女陰に見たてて勃起を出し挿《い》れする。

美穂は美貌を官能に染めて瞳を閉じ、唇を軽く開いたまま、私の射精を受け止め、何度も喉を鳴らしては飲みこみ、なおも唇で勃起の幹をしごき、しゃぶりたてた。

「あとは、お布団に入ってからね」

美穂の唇と勃起の先端に精液の粘る糸が引いた。

いっしょにシャワーを浴びて奥の部屋の布団に横たわる。

夏の終わり。扇風機をまわしても、閉めきった部屋の中は暑い。

再び逆向きになって、互いの性器を愛撫し合うと、あっと言う間に汗が滲《にじ》んでくる。

私の男根が再び勃起し、美穂の膣孔から愛液が滴りあふれはじめたころ、妹が帰ってきた。

焦ってかたわらに捲《めく》れたタオルケットをかけようとするが、美穂が勃起を握ったたままそれを跳ねのけた。

明かりは点《つ》けたままで、奥の部屋の襖は開け放ったままだ。

「なによ、美穂ちゃんたら、見てるこっちのほうが恥ずかしいわ」

「玲子も、私がいるのに彼としてるじゃない」

「そ、そうだけどさ」

玲子が奥の部屋に入ってきて、私たちのほうから見線を逸《そ》らすようにして、かたわらの布団の上のネグリジェを手にし、浴室に入った。

私は戸惑ったが、美穂が平然としている以上、私が動く必要もなかった。

玲子は美穂と違って、清楚《せいそ》な美人だった。

「あんまり似てないな」

玲子はカールのきつい髪型で、瞳の涼しげなベビーフェイスだ。

「父親が違うからね。でも、沖縄でもいっしょに暮らしてたし、仲いいわよ」

「見てるのかな」

「眠ってるふりはしてるわよ。そばでセックスして、眠れるわけないじゃない」

話していると、玲子が部屋に入ってきた。

私と美穂はもちろん全裸だったが、玲子もシースルーに近い薄手のネグリジェの下には下着をつけてはいなかった。

「おやすみ」

玲子が布団に入る前に照明を消した。

「おやすみ」

玲子がタオルケットをかぶって壁側を向くと、美穂が玲子のほうを向いて、私に背を向けて尻肉を突き出し、私の勃起をうしろ手で膣孔に導いた。

美穂の膣粘膜にめりこんだ私の勃起は、もう引き返すことなどできるはずがなかった。私は覚悟を決め、美穂を背後から抱いて乳房を揉みたて、勃起を抜き差しした。

淫音が玲子の耳に入らないように気遣っても、至近距離だ。

「あん、あん」

パンパン、ブチュッ、ヌチャヤッ。

美穂の熱い喘ぎと、私の恥丘と美穂の尻肉のぶつかる音、抜き差しのたびに鳴る淫猥な濁音が静かな部屋に響いた。

玲子は眠っていないはずだし、セックスの様子がまるで見ているようにわかるはずだった。

玲子は私と美穂のセックスで興奮しているのだろうか。いや、絶対興奮しているはずだ。興奮してオナッているかもしれない。

私はそれを想像して、激しい射精感に襲われた。

美穂の乳首を指先で強く揉みこんで合図し、美穂の膣奥に射精していた。

以来、何度か美穂の部屋に行ってセックスした。

スナックで飲んでいっしょに帰るときもあったし、私が直接美穂の部屋に行ったこともあった。

玲子がいるときもあったし、いないときもあった。

そんなある日、美穂の部屋に行くと、美穂はおらず、玲子ひとりだった。寝るところだったのだろう、いつものシースルーのネグリジェ姿だった。

玲子はこれまで、何度も私の目の前で着がえたり、ネグリジェをはおっただけの裸身を見せていたので、隠そうともせず、私を迎えた。

美穂は父親が交通事故に遭って入院したので、見舞いがてら沖縄に里帰りしていると玲子が言った。

玄関口でそれを聞かされ、私は帰ろうとした。

「ビール、あるわよ。いっしょに飲もう」

玲子が意外な言葉を口にした。この部屋に来るたびに玲子のシースルーのネグリジェ姿を見て、そのたびに一度抱いてみたいという欲望は抱いていた。

テーブルに向かい合っていっしょにビールを飲む。目の前の、美穂ほど豊かではないが、形のいい乳房に男根の奥底が疼《うず》き出す。

ビールをひと缶あけると、私の欲望を見すかしたように、玲子が立ちあがって私の手を引き、奥の部屋に誘った。

なすがままになると、玲子が布団の上に仰向けになった。

「私もして」

「お、おまえ……だって、恋人がいるって」

「だからって、だめなわけじゃないでしょう。美穂ちゃんだって沖縄に恋人いるん」

玲子が有無を言わせないふうに、私のTシャツとジーパンを脱がせた。

今ごろ、美穂は沖縄の恋人とセックスしているかもしれない。その美穂の痴態が脳裏に浮かんだ瞬間、激しい性衝動に襲われた。私は玲子の上に乗った。

事後、腹違いとは言え、美穂の妹とセックスしたという、美穂に対してのうしろめたさが心に残った。

そして、その不安は現実となった。数日後、いつものようにスナックで飲んでいると、美穂から電話があった。

「もう、部屋には来ないで。さよなら」

神を待つ女

神奈川県・会社員・五十六歳

協議離婚のすえに妻が出ていってから、八年になります。

大学卒業後、すぐに結婚した僕たちには女の子がひとりいたのですが、三つになったばかりのころ交通事故で亡くしてしまいました。

そこからなんとか立ち直って、再び子供を作る努力はしたのですが、結局授かることが叶《かな》わず、そういったことも原因のひとつとして、歳《とし》を重ねるごとにふたりの間には微妙な距離ができてきて、だんだんとその溝が深まっていったのだと感じています。

離婚したばかりのころの僕は、空《むな》しさと悲しみに覆われ、精神的にかなり参っていました。

待つ人のいない、薄暗いアパートは寂しく、仕事終わりには会社近くで飲み、歌舞《かぶ》伎町のゲームセンターやバッティングセンターで時間をつぶして帰宅していたのです。

いちおうは高校球児でしたので、二ゲームほど無心で打っていると、すべてを忘れさせてくれるような気がしていました。

「おじさん、昔、野球やってたでしょ。フォームが全然違うもん」

ある冬の夜のこと、打ち終わって打席から出てくると、ベンチに腰かけて見ていた見知らぬ女の子が話しかけてきたのです。

二十歳くらいでしょうか。薄汚れたダウンジャケットとジーパン姿で、ピンクのキャリーバックと大きなコンビニ袋を三つも抱えています。

「うん、高校のとき、ちょっとだけね」

あまりかかわりたくないもので、その日はそれで帰ったのですが、次の日に行くと、またその子が同じベンチに座っていたのです。

「あっ、昨日のおじさんだ」

しっかり覚えられていました。よく見てみると、美人ではないけど、愛嬌《あいきょう》のある顔です。

かかわりたくはないという思いの反面、本当に毎日が寂しかったたし、ほんの気まぐれで食事に誘ってみたのでした。

彼女の名はミチルといい、二十一歳になったばかり。東北出身なのだそうです。

数年前に、建設現場で働いていた父親が事故で亡くなってしまい、弟と母親と三人で町営住宅に暮らしていたのですが、もともとキッチンドリンカーだった母親の酒量が増えてゆくに従い、理由もなく彼女たちに当たりちらすようになったのだそうです。

「そんな毎日がもうつらくて耐えらんなくなってしまって、あっちの会社を辞めて、こっちに出てきたってわけ。こっちなら、いくらでも仕事が見つかると思ったしね」

しかし、アパートを借りる資金が足りず、寮があるという風俗の体験入店もやってみたけれど、同僚と気が合わず、長くは続かなかったのだそう。

「だから私、ここんとこずっと、神に頼りながら生きてきたんだよね」

「えっ、神ってなに……？」

「おじさんみたいに、ご飯おごってくれたり、お金を恵んでくれたりする人のことだよ」

話を聞いて驚きました。携帯のサイトにメッセージを書きこむと、返事が入るのです。そして気にいれば何回かやり取りをし、実際に会ってお金を恵んでもらったり、泊めてもらったりするのだそうです。

「大丈夫なのか。そんな男、恐くないのか？」

「ま、体を要求してくる男もいるけど、強く断れば大丈夫だよ。でも、いい人だったら口とか手で抜いてあげたり、やらせてあげたりもするけど」

ヤバい話をシレッとします。

「まだ二十一歳だろ。なにか夢とかないの。やりたいこととか……」

「夢……夢なんて、なぁんにもないよぉ。毎日ただ生きているだけ。こうして誰かがご飯食べさせてくれるのだけがうれしいの」

もし神がつかまらなければ、ファミレスで時間つぶしたり、漫画喫茶に泊まったり、野宿したりしているそうです。

気の毒だとは思ったものの、こっちもどうすることもできず、とりあえず明日の飯代にと二千円だけわたして別れたのでした。

そのあと、しばらく残業が続いたために、バッティングセンターにも行くことがなかったのですが、ある夜、久しぶりに向かうと、通り道にある雑居ビルの階段に彼女が膝を抱えるようにして座っていたのです。

「あ、おじさん……」

近寄ってみて、驚きました。真っ赤な顔をしていて、肩で息をしながらブルブルと震えているのです。

もしや、と思って額に手を当ててみると、すごい熱です。

別に身内でもなんでもないので、ほっといてもいいのですが、やはりかわいそうです。近くに会社で利用している病院があるのを思い出し、連れていきました。

インフルエンザと栄養失調から来る貧血のための体調不良という診断でしたが、肺炎の兆候もあるために、これ以上悪化させないように栄養をしっかりと採り、温かくして安静にしておくように、とのことです。

「今夜はどうすんだ。泊まるとこあんのか?」

二月の半ば。例年よりは気温が高い年だったとはいえ、俯《うつむ》いて首を振っているこんな体の娘を、このまま北風が舞う街中に放り出すのは胸が痛みます。

「じゃあ、ウチに来るか。大丈夫だよ、襲ったりしないから」

アパートの僕の部屋の布団で深い眠りに入っている彼女の姿を見ていると、そういえば、もし生きていたとしたら死んだ娘と同じ歳くらいかなぁ、なんて思っていました。

そして彼女は、翌日の昼ごろようやく目を覚まし、少しだけお粥《かゆ》を口にしました。

「ごめんね、おじさん、迷惑かけちゃって。もう少ししたら出ていくから、それまで置いてもらっていいですか？」

「もちろんさ。僕も独り者で寂しかったしさ」

「ホント？　うれしいっ。ところでさ、あの写真って、おじさんの子供さん？」

本棚の上に、亡くなった娘の写真を飾っているのです。

「うん。もし生きていたら、今の君と同じくらいなんだ。だから、ミチルのことは僕の子供のつもりで接するから、好きなだけいてもいいからな」

「ありがとう」

こうして、ミチルは僕の部屋に居候することになりました。

ミチルをひとり残して出勤するのは心配で、仕事がなかなか手につかず、大変でしたが、一週間もするとかなり体力も回復してきたようで、やっともとの笑顔が戻ってきました。

僕は相変わらず、父親のようなフリをしていたのですが、心の奥には葛藤しているもうひとりの自分がいました。

あの繁華街の片隅で体を壊し、ブルブルと震えていたミチルを見たとき、まるで死んだ娘の現在の姿のような気がして、かわいそうになり、部屋に連れてきたわけです。でも、当初は本当の娘のように感じて接していたものの、やはりそこは血が繋《つな》がってはいない男と女。妻が出ていってから、女性の肌に接することもなくなっています。彼女の存在に、陰茎の疼《うず》きを抑えることができなくなっていたというのも事実でした。

正直に白状しますと、彼女が寝ているときに、洗濯機の中に入っていた汚れたパンティーを舐め、服の匂いを嗅ぎながら、何度オナニーをしたことでしょうか。そんなとき、壁一枚先に寝ているミチルを襲いたいと、何度も思ったのです。しかし、一方では鬼畜になるわけにはいかない、という理性もまだ健在だったのです。

そんなある夜のことでした。なんと、寝ている僕の部屋に、とつぜん彼女が入ってきたのです。そして、僕の目の前で素っ裸になると、無言のまま、布団の中に潜りこんできたではありませんか。

「ど、どうしたんだよ、ミチル?」

「あたし、こんなことでしかお礼できないから……」

それだけ言うと、キスをしてくるのです。

幻覚ではないのか。あまりにも思いつめていたがために、その卑猥《ひわい》な願望がついに心の中で現象化してしまったのでしょうか。

僕の口の中で彼女の熱を持ったやわらかな舌が暴れまくっています。

しかし、ミチルを抱きたいという願望が叶う瞬間をとつぜん迎えてしまったがために逆にとまどい、なぜか心が萎縮してしまい、積極的にはなれません。

とまどいながら舌をからめていると、ミチルの手が伸びてきて、僕の下半身に届きました。

心は萎縮しているものの、じつはすでにモノは硬くなっていたのです。最初は布越しにやさしく触れていた指先が、パジャマの中に侵入してきて直接亀頭まで来ると、ようやく僕の中の牡本能が活動しはじめたのでした。

僕はすばやく裸になり、ミチルに覆いかぶさります。そして、そのかわいくふくらんでいる白い乳房にかぶりつきました。

「あっ、あっ、気持ちいいよっ、おじさん」

そうなのだ、僕はただのおじさんであって、実際の父親ではないのだ。

そう思ったとたん、ついさっきまで娘だったミチルを、ただの牝として捉えられるようになったのでした。

若く白い肌の上を、僕の舌が乳房からわき腹へとなめらかに滑っていきます。

まるい陰阜にはやや細めの陰毛が薄く生えているだけで、その下にある性器の姿がはっきりと見受けられました。

大きく股を開かせてのぞきこむと、割れ目の上部からピンクの肉芽が飛び出しています。そこに舌先を当て、やさしくくすぐってあげると、ビクンビクンと体を緊張させながら荒い息を吐き出します。

「かわいい、かわいいよ、ミチル」

両手で乳房を揉みしだきながら、狂ったようになおも肉芽を舐めつづけていると、とつぜん両足を突っぱるようにして「キッ」と叫び、そのままグッタリしてしまいました。

「だめだよ、そんな激しくしちゃあ。こっちは病みあがりなんだからさぁ」

はにかんだミチルの顔はまだまだ幼く、本当にかわいらしかったのです。

僕が寝転ぶと、股間のモノは天に向かって硬く屹立《きつりつ》しています。

彼女はその先端をペロリと舐め、そしてゆっくりと咥《くわ》えました。

「おおっ、気持ちいいよ。ああ、最高だ」

思わず、声をあげます。

ゆっくりと頭を上下させるのですが、口の中では舌をヌメヌメとからめさせているのです。ここまで感じるフェラチオはこれまでの人生で体験したことはありませんでした。

ミチルを横たえ、脚を大きくひろげさせると、桃色をした肉ひだが重なったそこには陰液がトロトロになってたまり、すでに僕のモノを待ちかまえていてくれたのです。

さっきよりもはるかに硬く引きしまっている亀頭を当ててそれを塗りつけ、腰に軽く力を入れるとヌルッと入っていきました。

ヌチャッ、ヌチャッ。

出し入れするたびに卑猥な音が聞こえます。高温多湿の亀裂の中は、体温よりももっと熱く感じられました。

「あっ、すごい、ミチル、すごく感じるよぉ」

「だ、だめっ、気持ちいいっ、あっあっ、イッちゃう」

肌の温もりさえ感じていれば、生きていくつらさ、人生の苦悩をすべて忘れさせてくれるような気がしたのです。心の中に抱えた苦しみが、まるで精液の排出とともに雲散していくような……そんなことを思いながら僕は激しく腰を打ちつけていきました。

彼女もまた、同じような気持ちでいたのかもしれません。

そのあと。彼女は僕の意見を聞き入れ、近所にアルバイトを見つけ、この部屋から通うようになりました。はじめての給料日にはネクタイをプレゼントしてくれましたし、少しだけですが生活費も入れてくれました。そのうえ、料理も洗濯もしてくれるのです。

しかし、その幸福な日々は、二カ月もしないうちに、とつぜん終了してしまいました。彼女の母親が自殺を図ったと、弟から連絡が来たのです。

「明日、朝一番で家に帰ってくるよ」

そして、そのまま戻ってはきませんでした。

「命は取り留めたけど、精神科に入院することになったの。これからは弟とふたりで生きていきます。おじさんはあたしにとって最後の、そして最高の神でした。本当にありがとう。お世話になりました。元気でね」

高校に通っていた弟は、去年中退して、建設現場で働いているようです。母親のことを心配してやってきた親戚に、戻ってきてまともな生活をしろと諭され、結局彼女はそのまま残ることにしたのでした。

ミチルと出会ったおかげで、離婚の寂しさから解放された僕だったのですが、それ以来また、バッティングセンター通いの日々が続くのでした。

私の中のおんな

――東京都・パート主婦・四十六歳

「セックスレス　解消方法」

スマホにこんなキーワードを打ちこんでみた。

すると「なぜ、夫婦のセックスがなくなるのか」「セックスレスを解消するには」……ずらりとこんなタイトルが表示された。

世の中には、私のようにこんな言葉を打ちこむ人もいるのだろう。ただ、仕事帰りの電車の中で、私以外にこんなことを検索している人がいるのだろうか。

ふと、誰かに見られているような気がして、顔を上げてみた。幸い、周囲の人たちは自分のスマホに夢中になっている。ＬＩＮＥで話している人。ゲームで戦う人。ニュースを読む人。ドラマを見る人。それぞれに忙しく、指と目を動かしていた。

よかった……。

安心したあと、なんだか惨めな気持ちがフツフツと湧いてきた。

夫と結婚して二十年が経《た》つ。いちおうは恋愛結婚だったが、夫とは生涯愛し合える仲だと信じていたころが今ではなつかしく思えた。

彼はいつしかいっしょの家に住む仲のいい男となり、そして今では隣の部屋に住む男友だちとなった。夫と呼ぶ男とはセックスはしない。

かつては彼とセックスをしていたことを思い出し、そして身震いをした。不思議なことに私にはどうしても夫とのセックスがイメージできないのだ。顔がない男とのセックスならいくらでも妄想できるのに。

不思議だと思う。前はあんなに激しくしていたというのに……。

今ではオナニーのオカズさえも、決まって夫ではない男だ。彼との結婚生活はとうの昔に破綻していたのだ……そのことに気がついてため息をつく。

いくらセックスレスだからといって、携帯に表示されたものを読んでみても、私の問題が解消されるわけではない。いくら悩んでみても、誰かが書いたものを読んだとしても、私にはセックスする相手がいないのだからどうしようもないのだ。

だけど、いつまでも悶々《もんもん》としていてもしかたがない。こんなときは気分転換するのがいちばん。本でも読むか。長風呂にでも入るか。そういえば、離婚したての友人敦《あつ》子《こ》が気張らしに温泉でも行かないかと誘ってくれていたのを思い出した。そうだ。そうしよう。風呂に浸《つ》かって、ちょっとのんびりすれば、しばらくはセックスのことを忘れられるはず。

私は気を取りなおして彼女にメールを打ち、温泉に行くことを決めた。

大きな風呂に気の済むまで浸かり、ゆったりしたあとは食べて飲んで、寝るだけだ。家を離れているから、今日は家事をしなくてもいい。夫の顔を見なくてもいい。それだけでのんびりした気分になる。

ロビーでくつろいでいると、ふたり組の男が近づいてきた。あとでいっしょに飲みませんかというのだ。

ナンパ……こんなところでまさか、おばさんふたり組に声をかける勇気のある男がいるなんて思ってもみなかった。だが、敦子も私も笑いながら、いいわよぉと頷《うなず》いてしまう。

楽しいほうがいいとは思ったが、酒が入るとそうはいかず、あっという間に私は彼の部屋に、敦子はもうひとりの彼と帰ることとなった。

連れていかれたツイン部屋は、私たちの部屋とまったく同じ造りだった。

ドアがバタンと音を立てた瞬間、まるで魔法が解けたように私は正気に戻った。

私ってまじめが取り柄だったはず……だから、こんなことは、はじめてだ。

私って、今すごいことしてる……。

そう思うと、とつぜん足がすくみ、心臓が大きな音を立てて動き出した。

ドクン、ドクン、ドクン……。

急に怖気《おじけ》づき、立ちすくむ私を彼が抱く。力に押されて私はあとずさり、そして壁に寄りかかる。

彼が下半身を私の太ももにぐいぐいと押しつけてきた。そこはすでに硬く、そして熱くなっている。

耳もとで彼がそっと囁《ささや》く。

「アレ……硬くなってるでしょ……」

「うん……」

「そうなんだ。早くセックスがしたいんだ」

その言葉を聞いたとたん、忘れようとしていた感情がこみあげてきた。

あぁ……セックスがしたい。気持ちよくなりたい。私の中の「おんな」が目覚めた瞬間だった。

「私も……したいの……セックス。それを入れて……」

ペニスを股間に押しつけられるたびに、それを受け入れたいという欲望がどんどんと高まっていく。

下着の中に、彼の手が滑るように入ってきた。茂みをかき分けて、太ももの間の奥へと侵入する。

ヌルッ。

彼の指先が私の湿地帯で滑りはじめる。

「もうビショビショだ。欲しがってるんだね」

「うん。欲しいの。この大きくなってるのを入れて……かきまわしてちょうだい」

若いころは感じなかった感情が体の中から湧き出てくるようになり、そして今までは恥ずかしくて言えなかったことも平気で言えるようになった。

ただ、長い間セックスをしていなかった私に不安がよぎる。

もし、感じなかったら……。

もし、濡れなかったら……。

でも、私の体は今、正直に反応している。ああ……私の体は、まだ快感を忘れてはいなかったのだ。

大胆にも私は、彼のパンツの中に手を入れてみた。そして、触ってくれたお返しにペニスを握ってみる。まるで挨拶のように。

ドクン、ドクンッ。

私の手の中でペニスが熱く脈を打っている。

根元から先端まで手を滑らせてみる。先端からはすでにトロトロとした粘液が湧出していて、それをつけてまた根元まで滑らせる。

ヌルッ、スルッ……。

「うっ、気持ちいい、はぁあ」

ベッドに倒れこむと彼は下着を脱ぎ、私の下着を取り去った。そしてすぐに、ヌレヌレになったアソコの入口にペニスを押し当ててきた。

「入れるよ、これが入りたがってるから……」

そして、彼がグイッと押し入ってきた。

私にとっては久々のペニス感覚だ。膣の入口がペニスを頬張り、パンパンにふくれあがってゆく。

そう、この感覚……私はこれが欲しくて欲しくて仕方なかったのだ。それが今、私の中へ、そして奥へと侵入してくる。

ペニスが根元まで入ると、私の敏感な突起部分が彼の陰毛にからみついた。

「あ、あ、ああっ」

いつの間にか、私はあまりの気持ちよさに声をあげていた。

部屋は明かりがついたままだ。

入っている部分を手で確かめてみる。ヌラヌラとテカった部分は私の中へと押し入れられている。彼がペニスを出し入れしてみせてくれた。

「ああ……すごい、奥まで届いてる……」

「そうだよ。もっと気持ちよくなろうよ」

彼が覆いかぶさってくる。

私たちは体を合わせ、粘膜を擦り合わせて、その快感に酔った。彼とはたった数時間前に知り合ったばかりなのに、もうこんな仲になっている。わからないものだと思う。

そして、彼の動きに合わせて私は腰を使い、より気持ちよさを味わう。

「ああ、いいっ、いいっ……イッちゃううっ」

愛撫もそこそこに挿入された私は、あっけなくイッてしまった。

私がイッたのを確かめたあと、彼はそっと私から体を離した。

息が整うまで休憩。私が落ちついてきたころ、彼は再び私の下半身へと滑りこんできた。指先で左右の秘唇を開き、中心にある女の敏感な突起部分にチュッと吸いついてくる。

ビクン。

「あっ……」

さっき会ったばかりの人に、こんなことまでされるなんて……それにまだシャワーだって浴びてないというのに……恥ずかしい……でも、すごく気持ちいい！

舌先でツンツンされたり、口の中でベロベロされたり、指先でいじくられたりされ、クリトリスをいじめられるたびに、私は声をあげ、そのたびに体をビクンと反応させてしまう。

ペチャッ、ペチャッ……。

いやらしい音が部屋に響きわたる。

「ああっ、ううっ、また、気持ちよくなっちゃうぅ」

「いいんだよ。気持ちよくなって。もっと、もっと気持ちよくなってみて……」

とがった敏感な部分を何度も舐められ、吸われ、いじられると、立てつづけに何度もイッてしまう。そのたびに全身が疼《うず》くような快感に包まれてゆく。

そうだわ、思い出した。セックスって、こんなに気持ちがいいものだったのよ……

もっとしてもらいたい、もっと感じてみたい。

私はすっかり快楽の虜《とりこ》になり、恥ずかしさも忘れてその快楽にすがりついていった。

次に彼は、私が今までしたことがない体位でのセックスを求めてきた。それがどういう体位名なのかは知らないが、騎乗位でうしろを向く体位にさせられる。

彼のペニスはけっこう上向きに反り返っていたからか、挿入するとアソコの中がまるでかきまわされるような感じだ。

「オナニーするときみたいに、自分でクリトリスをいじってみて……」

彼は私を下から支えながら、腰を突きあげてくる。

いつもは小さめなクリトリスが、ペニスを頬張っているからか、大きく横方向へとひろがっていた。

敏感な部分を人さし指と中指で円を描くようにグリグリと触ってみる。とたんに電気が走り抜けるような快感が全身へピリピリと伝わり、アソコが痺《しび》れてくる。

ひとりでするオナニーとはまた違った快感だ。ペニスが中で動くと擦《こす》れて、さらに膣の中も入口も気持ちよくなってくる。

「ああん、すんごくいいっ！」

「今度は上になるよ。ああ、こんなにビチョビチョにしちゃってぇ。見た目と違って、すんごくスケベな女なんだね」

彼は合体しているところを触りながら、腰を突きあげた。

ズンッ、ズン。

頭まで突き抜けていきそうな快感が私を襲う。

「ああ、もっと突きあげて。もっと気持ちよくさせてっ」

私は夢中でクリトリスをいじくりながら、彼の動きに合わせて腰を動かした。そして体位を変え、ありとあらゆる方向からさまざまな角度で挿入され、そのたびにイキまくった。

久しぶりのセックスにさすがに疲れ、そのままふたりでウトウトとしたところに、電話が鳴った。彼の友人からで、朝までこのままいこうとのこと。敦子もセックスに夢中になっているようで安心した。

私たちはザーメンにまみれた体をシャワーで流すことにした。彼のペニスを石鹸《せっけん》の泡でマッサージする。すると、さっき出したばかりだというのに、またムクムクと大きくなってきた。

「まだ、できるの？」

と訊《き》くと、

「まだまだ楽しめるね」

と彼。

ただ、私の膣口は少しヒリヒリしていた。久しぶりの挿入に驚いているのかもしれない。だが、そのヒリヒリが心地よい。

今度は立ったまま、シャワールームでバックから挿入し、合体したまま抱き合い、そしてシャワーを浴びた。

ベッドへと戻ると、すでに午前二時半をまわっていた。

「朝まではたっぷりと時間があるから、セックスしまくろうね」

私は座っている彼の股間に顔を埋《うず》め、ふくらみきった亀頭を咥《くわ》える。

じゅるっ、じゅる。

いやらしい音を立てて、ペニスをしゃぶりはじめたのだった。


寝る前にオナニーをするとよけい興奮し、寝つけなくなるのでやめようと決めたはずなのに、ふと、あの日の行きずりセックスを思い出すと、右手が勝手に敏感な突起物をいじくりまわしてしまうのだ。

まぶたに、寝室に灯《とも》る薄明かりが突き刺さる。快感は指の速さとともにだんだんと大きくなり、そしてあの瞬間が訪れた。急に部屋の薄明かりが消えて真っ暗になり、体全体が心地よさに包まれてゆく。

ズン。ズン。ドクン、ドクン。

鼓動が速まり、子宮の奥がいきなりギュッと締まる。それから、まるで体が浮きあがるようになり、それを止めようとして下半身が硬直する。

「んん……うっ……ふぅ」

私は鼓動をなだめるように少し口を開き、深く空気を吸いこむ。

隣のベッドで寝ている夫に気づかれぬよう、声を出さないようにしたけれど、つい漏らしてしまう。うっすらと額にかいた汗が首すじにツウと流れ落ちた。

明日、敦子に今度はいつ温泉に行けるのか、メールしてみたら？

私の中のおんなが、そう囁いた。

またあとでね

——東京都・OL・二十九歳

「またあとでね」

この連絡を最後に私の恋は、はかなく消え去っていった。私の恋は、正しくは「都合のよい女」への序章だったのである。

人は誰しも、自分がいちばんかわいい生き物。そこには男も女もない。都合のよい言葉でだまし、だまされるのだ。

高校を卒業後、都会に憧れて田舎から出てきた私には、目に映るものすべてが新鮮だった。よくテレビドラマで見るようなキャリアウーマンに、そして若い母親にも憧れていた私は、二十二歳で結婚した。

できちゃった結婚が当たり前のような時代だが、交際期間の二年間、私はしっかり真剣なつき合いをしたつもりだった。

夫は六歳年上。出会いは当時の職場。年上の男性に勝手な憧れを持っていた私だった。今なら、そんな思いこみなんてくだらないと、当時の自分に言ってやりたい。

夫はバツイチだった。

夫の離婚理由は、元奥さんの浮気。たまたま職場の同僚が、ほかの男性と元奥さんが歩いているのを見てしまった、という典型的なパターンである。

寂しかった……それがふたりの理由だったという。

元奥さんは、夫よりも七つ年上。アルバイトで知り合った彼女の家に、夫が寝泊まりするようになり、そのまま結婚したらしい。

夫は過去のこと、自分自身のこと、もちろん女性関係のこともあまり多くは語らない、クールな性格だった。

そんな彼と、はじめてセックスするときがやってきた。

「え、中に出したの？」

私はまだ二十一歳。とまどいが私の中に残った。彼の体液とともに……。

彼は私を抱きしめたままだった。私もなにも言わずに、彼に抱かれていた。

それから、夫とのラブラブな生活が始まるはずだった。ただ、セックスを除いては……とにかく夫は淡白だったのだ。いや、下手くそと言ってもよい。キスをしても、軽く唇を合わす程度で、雑に私の下腹部をまさぐり、挿入するだけ。その繰り返しだった。

これでは、前の奥さんが浮気に走ったのもうなずける。

もっと抱きしめて、もっとやさしくして、もっと愛して……次第に私の中に不満がふくれあがっていった。

胸が強調されるブラウスを着てみたり、太ももがモロに出るスカートをはいてみたり。考えられるかぎりのテクニックを使ったが、夫にはまったく効果がなかった。

私って、女性として魅力がないのかなと、落ちこんだり悩んだりする日々……。

思い描いていた結婚生活とは、あまりにもかけ離れていた。

「そういう行為がなくても、ちゃんとおまえのことは好きだし、すごく大事に思ってるよ」

夫の弁解も、当時の私にはなにも響いてこなかった。

「なに、それ……私はもっと愛し合いたいのよ」

ついつい、はしたない発言までしてしまう始末。

私も幼稚だったと思う。

共働きのせいで、次第に私たちの生活のリズムが合わなくなっていった。いや、合わせようとしなくなっていった。

たまの休日も、ふたりでゆっくりというより、夫の友人たちが家に遊びに来て、時間だけが流れていくような、そんな生活だった。

家庭にも夫にも嫌気が差して、私たちは呆気《あっけ》なく離婚した。

ただただ、これから始まる新しい生活を楽しみにしようと、私は思った。

それからの二年間、私はずっと空元気だった。

つらかったが、がんばらなくちゃとしゃかりきになっていたころ、七つ年上の妻子ある男性に出会った。そのときの私の上司だった。

気持ちが少し弱っていたのか、体調を崩して欠勤することにした。上司に連絡を入れると、自己管理がなっていないと説教されたが、心配もしてくれた。

そんな職場が、私は好きだった。

その日の午後、家のインターホンが鳴った。

誰だろう……と思いながら扉を開けると、そこには上司が突っ立っていた。コンビニで買ったのだろう、ポカリスエットやヨーグルトが入った袋を下げていた。

「大丈夫か？」

心配そうな表情で、上司が言った。

ああ、なんて親切な上司なんだろう……。

瞬間的にそう感激し、私は頭を下げた。

「すみません。ご心配をおかけしました」

私が言い終わるやいなや、強く抱きしめられた。

なにが起こったのか、理解できなかった。

「おまえのことが好きだ」

抱きしめられた腕の中でほのかに漂う柔軟剤の香り……私は心地よさを感じていた。

職場では上司と部下の関係だが、プライベートでは愛人関係。当時の私には、とても刺激的だった。ワクワクもした。けれど、怖いという気持ちもあった。

「ちゃんとするから」

その言葉に安心していた。絶対的な信頼関係にあるものと、信じこまされ、踊らされていることに、私は気づけなかった。

彼とのセックスは、とても気持ちよかった。

キスも、唇が触れるか触れないかの浅い段階から丁寧に時間をかけて進められる。軽くキスをして見つめ合い、舌をからめ合う。くっついては離れ、離れてはくっつき、互いの唾液の透明な糸が、灯りの下でしっかり見える。とても幸せな瞬間だった。

やがて彼の唇は、私の口全体を覆い、それからおもむろに唇と指先を、私の首すじ、胸へと撫でるように這《は》わせ、大きな手で愛撫が始まる。

「色っぽい顔してるな。大好きだよ。愛してる」

「私も……」

そんな会話を交わした。

逢瀬をかわしているときは、彼は必ず左の薬指の指輪をはずしてくれていた。そんな気遣いがうれしかった。

彼との関係は続いた。仕事のあと、たとえ三十分でもふたりだけの時間を作ってくれた。真夜中でも、わざわざ家の外に出て、電話をくれたりした。指輪を買いに行こうと言ってくれたりもした。

会えば、必ずセックスはしていた。そしていつしか、彼はセックスなしでは、会ってくれなくなっていた。

私の体調が優れないときは、電話もこなくなった。メールもしてくれなくなった。会話も次第に少なくなっていった。

歯車が狂いはじめた。いや、もうはじめから狂っていたのだ。彼の言葉をばか正直に受け止め、勘違いしていたのは、ほかでもない、この私だったのだ。

久々に、彼が家に来た。

相変わらず、私の手料理にはいっさい手をつけず、テーブルの上で冷えてゆく。

激しい、パンパンパンというセックスの音だけが、部屋に響きわたる。

「な、もう一回してもいい？」

私は彼に応えたくて、グッタリしていた体を起こして、彼を受け止める。

外が暗くなるのと同時に、彼は帰り支度をし、

「またあとでね」

と、笑顔で帰ってゆく。彼の、本当の帰るべき場所へ……。

手をつけられなかった、冷えきった料理とともにひとり残された私は、部屋の中で泣いた。

ぐしゃぐしゃになったティッシュと、冷えた料理を、思いきりゴミ箱へ捨てた。

実際にはまだこのとき、これが最後だなんて、まだ私は思っていなかったのだ。ただ「ただいま」「おかえり」と、必ず言いかわしていた信頼関係が、もう失われていることだけはわかった。

「またあとでね」

ふんわりとした、曖昧な言葉だけが残った。

それから二年後、私はまた、妻子ある男性に抱かれていた。相変わらず、自分のことしか考えない男ばかりだ。

「嫁とうまくいっていない」

「嫁とのセックスは退屈だ」

「おまえも俺のこと好きなんだろ」

「舐めてよ」

「セックスしようよ」

「もう、入れてもいいよね」

勝手なことばかり言っている男は最低だ。だが、それがわかって、受け止めている私自身も……。

セックスができないと言うと、会ってくれない。セックスが済んだら、さっさと帰る。世の中、そんな男ばかりだ。私は使用済みのコンドームと同じなのかと、何度も落ちこんだ。

セックスは、お互いの気持ちを確かめるためのものだと、ずっと思っていた。

だが実際は、愛がなくても、できるものなのだ。

「ああ、もう出そう」

激しく腰を使い、お互いが抱きしめ合って、素っ裸ですべてをさらけ出す。

このまま死んでもいいくらいのセックスをしておいて「ごめんね」と言われる気持ち。これはきっと、当事者でなければわからない痛みだろう。

男性はセックスに「達成感」があるという。それに対して、女性は「喪失感」があるという。

日本はまだまだ、セックスに対して「恥ずかしいことだ」という風潮がある。また、女性に厳しく、男性には甘い。男が女をオモチャにしても、どこか許されてしまう。だから、いつまでたっても、セックスの大事な核心部分が、伝わらないのだと思う。

今は男性用風俗だけでなく、女性用風俗というものもあるらしい。そこには、お金のやりとりがあるにしても、そういう世界が女性にも開かれたということは、お金だけでは計りしれないものがあると思う。

女性も、受け身であるばかりでなく、人の肌、息遣い、胸の鼓動に触れたいのだと、そんな叫びがやっと世の中に受け容《い》れられたのかもしれない。

小学校のとき、好きになった男の子がいた。告白するだけでも、手がプルプル震えていたのを思い出す。

「好きだから、つき合ってください」

自分の胸の鼓動が、電話越しでも相手に伝わってしまうのではないかというくらい、緊張していた。

好きだよと言われたときのうれしさ。別れようと言われたときの悲しさ、胸の苦しさ……あのころの、真っ白で、純粋で、淡い恋が懐かしい。

好きな人がいること、好きな人といっしょにいられることの歓《よろこ》び。なにも、セックスだけがすべてではない。

恋をするたびに、女性は傷ついてしまうのかもしれない。一生消えない傷が、体にも、心にも……。

そう思いながらも、今日も私は、本当の恋を探している。

体験投稿募集中

思い出ぶかい性の実体験を、四百字づめ原稿用紙十〜十二枚にまとめてみませんか。必要に応じて手直ししたうえ、夕刊フジ紙面に掲載します。プライバシーは厳守。1万円分クオカードを進呈。採用作品は夕刊フジに帰属します。

住所、氏名、年齢、職業、電話番号を明記し、封書かメール添付、またはFAXでお送りください。

〒100-8160 夕刊フジ報道部「告白」係
メール：toukou@fujinews.com
FAX：03-3231-2670

◉本書は「夕刊フジ」に投稿、掲載された手記を収録しています。

左記は掲載順。一部は文庫収録の際に改題しています。

「身代わりの夜」（２０２１年12月）
「憧れの女性上司」（２０２１年１月）
「わが乱倫の記録」（２０２１年３月）
「金魚鉢に潜む女」（２０２１年７月）
「絹肌の熟女」（２０２１年６月）
「おばちゃんのお尻」（２０２２年１月）
「義母の最終テスト」（２０２２年２月）
「寮母が受けた神の啓示」（２０２１年11月）
「不思議な人妻」（２０２１年４月）
「いけないプレイタイム」（２０２１年９月）
「男と女の交差点」（２０２０年11月）
「混浴温泉の熟女」（２０１９年９月）
「女社長の性接待」（２０１９年11月）
「ある女子大生の秘密」（２０２２年４月）
「美人姉妹の裸身」（２０２２年５月）
「神を待つ女」（２０１８年８月）
「私の中のおんな」（２０１８年10月）
「またあとでね」（２０１９年３月）

監修　桑原茂一
編集協力　松村由貴（株式会社大航海）

◉新人作品**大募集**◉

マドンナメイト編集部では、意欲あふれる新人作品を常時募集しております。採用された作品は、本人通知のうえ当文庫より出版されることになります。

【応募要項】 未発表作品に限る。四〇〇字詰原稿用紙換算で三〇〇枚以上四〇〇枚以内。必ず梗概をお書き添えのうえ、名前・住所・電話番号を明記してお送り下さい。なお、採否にかかわらず原稿は返却いたしません。また、電話でのお問い合せはご遠慮下さい。

【送付先】 〒一〇一－八四〇五 東京都千代田区神田三崎町二－一八－一一 マドンナ社編集部 新人作品募集係

私《わたし》の性体験投稿《せいたいけんとうこう》 濡《ぬ》れた横顔《よこがお》

二〇二二年 七月 十日 初版発行

編著者◉夕刊フジ【ゆうかんふじ】

発行◉マドンナ社

発売◉二見書房 東京都千代田区神田三崎町二－一八－一一

電話 〇三－三五一五－二三一一（代表）

郵便振替 〇〇一七〇－四－二六三九

印刷◉株式会社堀内印刷所 製本◉株式会社村上製本所 落丁・乱丁本はお取替えいたします。定価は、カバーに表示してあります。

ISBN978-4-576-22088-8◉Printed in Japan◉

Madonna Mate